粉丝的自我修养

斯赋◎著

U0665581

IDOL
AND
FANS

州 出
UZHOUP

图书在版编目（CIP）数据

粉丝的自我修养 / 斯赋著. –– 北京：九州出版社，
2018.1

ISBN 978-7-5108-6502-2

Ⅰ.①粉… Ⅱ.①斯… Ⅲ.①偶像崇拜—文化社会学
—研究 Ⅳ.①G05

中国版本图书馆CIP数据核字(2018)第008524号

粉丝的自我修养

作　　者	斯　赋　著
出版发行	九州出版社
地　　址	北京市西城区阜外大街甲35号（100037）
发行电话	（010）68992190/3/5/6
网　　址	www.jiuzhoupress.com
电子信箱	jiuzhou@jiuzhoupress.com
印　　刷	北京紫瑞利印刷有限公司
开　　本	710毫米×1000毫米　16开
印　　张	18
字　　数	276千字
版　　次	2018年1月第1版
印　　次	2018年1月第1次印刷
书　　号	ISBN 978-7-5108-6502-2
定　　价	68.00元

序　言

诗意地追寻

娱乐文化在粉丝经济的驱动下肆意生长。

粉丝经济的逻辑之下，明星是一种特殊的商品，而粉丝则是这一商品的消费者。

社会总是容易对粉丝产生天然的傲慢与偏见。

他们习惯于将追星视为一种原罪，习惯于站在道德的制高点对粉丝进行批判，习惯于给粉丝贴上脑残粉的标签。

社会认为粉丝过于痴迷与疯狂，粉丝认为社会充满排斥与恶意，于是，两者无法达成和解。

其实，价值观本是多元的，行为选择也是多元的。

期待本书能够让粉丝的父母、老师、朋友更深刻地理解粉丝文化，从而对粉丝多一分理解，少一分偏见。

希望追星的人与不追星的人之间、不同粉丝圈之间、同一粉丝圈不同属性的粉丝之间，能够真正各美其美、美美与共。

粉丝行为，偶像买单！

粉丝的行为与自家偶像便存在了一种天然的联系。

从逻辑推理上看，粉丝的行为让偶像买单是极其不合理的。但是，人的情感并非完全受逻辑推理制约。

部分粉丝过于狂热，不懂得如何追星，整天沉醉于你知道他有多努力吗、你行你上啊等幼稚话语中，喜欢强行辩解、疯狂推荐，在追星的过程中完全迷失了自我。

显然，这些行为都极易败坏其偶像的路人缘。

最终，粉丝的爱成了偶像不能承受之重。

其实，粉丝迷恋偶像不是错，但爱的方式不对，就会给偶像实力招黑。为了帮助粉丝更好地避开这些招黑雷区，本书特意重点分析了粉丝常见的一些不当话语或行为。

有则改之，无则加勉。

娱乐时代，批判与思考不能缺席。

《粉丝的自我修养》的写作初衷，并非以人生导师的说教姿态，来对粉丝进行批判，亦非给粉丝灌输心灵鸡汤，而是旨在以一个北大博士的学术认知与人生阅历，来解构神秘的娱乐圈，让粉丝更好地认识娱乐圈、粉丝圈、偶像、自己，以及这个社会。

希冀此书能帮粉丝掌握追星的正确打开方式，在追星的过程中，不断提高艺术品位与审美格调，多一分理智，少一分疯狂，在感性与理性中达成动态平衡，最终成为兼具好看皮囊与有趣灵魂的质感粉丝。

本质上，这就是粉丝的自我正名与自我救赎。

兵荒马乱的青春岁月里，少女情怀总是诗，而追星是诗意的最佳注脚之一。

人生并没有一个固定的程式，而是充满着机缘巧合，在各种必然或偶然因素的作用下，粉丝的人生轨迹与偶像产生交集，这是一种缘分，也是青春的美妙之处。

追星的路上，有现实有虚幻、有理性有疯狂、有欣喜有酸楚，但是，无论怎样，这些都是青春的标配，也是粉丝人生中宝贵的一页。

追星是一场关乎青春与梦想的修行，《粉丝的自我修养》愿意与你们一路同行。

目录

第一辑　幸得识卿

理解粉丝文化

在社会学的理论认知中，任何一种文化的发展，都不是独立的，而是嵌在社会结构之中。

粉丝文化亦如此。

粉丝文化的发展，受市场化、网络化与商业化等多重变量的驱动。

市场化是指市场经济的发展，极大地丰富了物质水平。当人们不再为吃饭、穿衣而疲于奔命时，便有了更多的资本用于精神消费。

同时，社会在快节奏运行着，人们的学习、工作压力增大，音乐、电影、游戏等娱乐产品，成为释放压力的重要渠道。

显然，市场经济的发展，使娱乐产业的繁荣有了经济基础。

网络化是指互联网的发展，尤其是移动互联网的发展，让网民能够随时随地欣赏音乐、观看电影，社会对于娱乐产品的需求剧增，刺激了娱乐文化的发展。

在传统的媒体生态之下，粉丝只是被动的接受者，但在互联网普及之后，粉丝的角色从被动的接受者，转变成了积极的参与者。

她们会参与明星的微博互动、参与明星的营销，甚至参与选秀等明星的产生过程之中。

商业化的力量则更为强大。

消费社会的雄心就是把一切都商业化。

消费社会的口号是消费一切，被消费的对象既有食品、衣服等有形物质商品，也有音乐、知识等无形精神商品。

在娱乐的产业链条中，娱乐公司是生产者，粉丝是消费者，明星是娱乐公司生产出来供粉丝消费的商品，这是明星的根本属性。

明星的颜值、演技、婚恋等，都可能是被消费的对象。通常而言，颜值越高、演技越强，代表明星这一商品的价值就越高。

在这一商业链条中，明星不仅仅是独立个体，而是商业资本运作中的关键一环。

娱乐产业会在明星身上不断制造出新的卖点，激发粉丝的消费冲动，资本在此过程中不断地实现自我扩张，明星也能够获取巨额收益。

粉丝的消费是一种情绪消费。

支持偶像的演唱会与电影票房，成为粉丝表达爱意的一种方式，花钱更多，爱意越浓。

这种情绪消费是建立在认同的基础之上。

粉丝只有在认同的前提下，才会消费明星这一商品。粉丝对明星颜值、作品抑或人品的认同度越高，付费意愿就越强。

粉丝消费的过程，也是其自我身份获得认同的过程，因为，粉丝希冀通过消费来与明星建立某种想象中的联系。

通常，粉丝的认同消费与情绪消费具有较高的忠诚度。

如果明星不退出娱乐圈，或者自己不脱粉，她们会愿意一直支持下去。

与此同时，粉丝消费的理性程度很低。

粉丝的消费带有很强的盲目性、从众性与狂热性。

显然，在娱乐文化的语境里，追星不仅仅是一种生活消费观，更是一种人生价值观。

你好，偶像

粉丝为明星而狂。

但是，可能她们内心也疑惑，为何自己会如此痴迷与狂热？

很明显，追星并不是一个简单的行为而已，其背后隐藏着深层次的心理学逻辑。

心理学家科胡特所创建的自体心理学对此颇具解释力。

自体心理学是弗洛伊德精神分析学派的重要分支，其核心概念是人的自恋与移情。

自体心理学认为，每个人都有与生俱来的自恋，所有人在本质上都是自恋的。就像村东头八十岁的张大爷说每天早上能够被自己帅醒，村西头的放牛娃王二狗觉得自己帅到惊动了中央。

尽管每个人天生有自恋的倾向，但是，一个必须承认的事实是，每个人的能力实在有限，在遇到一些思想或行动上的挫折之后，个体的自恋会转化为移情，把他人作为自己延伸的一部分，并进而依靠他人来实现自己的理想。

其中，挫折往往是强化移情的契机。

古人思念故乡时，喜欢写有关月亮的诗句，这就是因为思念家乡但又回不去，所以，把对家乡的思念移情到月亮上面。

生活中常见的移情有镜像移情、密友移情、理想化移情等，也许我们之前并不知道自体心理学理论，也不了解镜像移情等学术概念，但是，我们都有意无意地经历了这些自恋的移情。

镜像移情是个人需要从他人那里获得认可，别人的认可是个体自尊与自信的来源。

所以，女人喜欢问，魔镜魔镜，谁是天底下最漂亮的女人啊？你刚换了一个新发型，其实并不怎么样，但是，当你问朋友自己的发型如何时，你朋友就算觉得很丑，也会昧着良心说，超级漂亮，如天仙一般。要是如实说不好看，那可能友谊的小船说翻就翻了。

因为人的内心都知道，别人的评价对于一个人的自尊挺重要。

密友移情是个体需要从关系亲密的人那里获取安全感与幸福感，最理想的密友是孪生兄弟姐妹。

自体心理学认为，个体在内心里会认为，只有孪生的他人才能够足够、完全地了解自己。但是，有孪生兄弟姐妹的人极少。同时，在计划生育等政策的作用下，很多女孩都是独生女，所以，她们需要寻找新的密友。

这就是闺蜜存在的价值。

在粉丝圈，很多女孩如闺蜜般，一起追星，一起做喜欢的事，何尝不是一种幸福？

对追星行为最具解释力的，当数理想化移情了。

在理想化移情看来，人都有一种深切的渴望，"渴望着通过与被崇拜的、充满威力的人物的结合而得到保护和强化。这样的人物给你理想与力量，在你危难、挫折、寻求生命意义的时候，助你维持自体系统的稳定性。"

由于个体的能力有限，自恋经常会由于各种原因而无法完全实现，这时，个体便会把自己的自恋转移到更为厉害的人身上，从而获得一种自我认同。

父母是最原始的理想化移情对象，这种移情是从胎儿对母亲的依恋转化而来。

在很多小孩的心中，父母都是万能的。但是，随着小孩的成长，他们会慢慢意识到，父母亲并非万能，此时，原有的移情就会遭遇挫折，原有的内心自恋平衡被打破。

青春期的孩子容易叛逆，正是因为他们原有对父母的移情遇到挫折。所以，他们有了自己的判断，对父母的话不会再完全听从。

理想化移情的代价是容易降低自尊，这时个人的自恋就会受损，从而变得卑微。

当女孩遇到喜欢的男生时，内心会不会很自然地觉得自己配不上对方？

自尊是爱的基础，处于爱恋中的人，往往会把更多的爱倾注到对方身上，这时，人的自尊感就会降低，甚至愿意卑微到尘埃里，然后期待开出花来。

所以，自体心理学认为，健康的自尊是持久的爱的基础。

个体与理想化移情客体产生主观或客观上的联系后，心理上会产生安全、舒适与愉悦。个体喜欢把自己与完美客体实现融合，即你是如此完美，而我是你的一部分，所以，我也是完美的。

这样，个体的自恋就得到了维持与保护。

这也解释了为何粉丝喜欢不同的明星能够喜欢出优越感与鄙视链。自己的偶像是一线，你的偶像是不入流的十八线，我就比你有优越感。

因为，在本质上，对偶像的崇拜，是对自己的崇拜。

明星本是贩卖梦想的人。

明星是娱乐产业打造出来的商品，该商品承载了粉丝的期待，成了粉丝幻想的载体。

追星的女孩内心都期待一个帅帅的男生来追求自己，可是，周围男生一个个长得歪瓜裂枣，唯一一个帅哥身边早已有很多妹纸在排队追了，自己颜值不高，所以，与其他妹纸相比没有任何竞争力。

情感上处于空白期时，便需要寻找替代品。

虽然学习可以在某种程度上转移女生的注意力，但终究不能直接解决感情问题。

这时，偶像就从天而降了。

女孩似乎从未见过如此完美的男生，颜值高、动作帅、人品好，各方面甩班上的歪瓜裂枣十八条街。此时，明星稍微卖弄一下男友人设，女孩便入坑了。

明星颜值越高，女孩就会入坑越深。

对于很多粉丝而言，偶像就是完美的，所以，别人不能评论她家偶像半点不是，否则就会翻脸。

　　从自体心理学看来，这种心理学的内在基础，是偶像成了粉丝的理想化移情对象，所以，他人对于偶像的评判就成了对粉丝的评判。而且，粉丝往往还会把偶像看得比自己更为重要。

　　因为，爱是卑微的。

追星没有原罪

在追星日益被标签化与污名化的今天，粉丝的追星史简直就是一部心酸史。

追星是一种时常被诟病的行为，在很多人的价值判断中，只有心智不全的人才会追星。

所以，粉丝容易被贴上脑残、幼稚等妖魔化标签，甚至有些人喜欢通过贬低明星、批判粉丝，来彰显自己的品位与理性。

粉丝仿佛感受到了世界对于追星的偏见与恶意。

于是，她们只能够选择默默地喜欢，而羞于或者不愿意向别人承认自己追星，怕被别人认为自己是幼稚与不成熟。或者用一种叛逆、极端的方式，来表达自己的喜欢。

人们对于追星行为的批判，与娱乐圈的固有形象有关。

当我们提到娱乐圈时，极易自然地联想到一些不符合社会道德的行为。

当然，粉丝中也存在许多猪队友，不断地固化社会公众对于追星所存在的偏见。

她们会偷偷逃课去看演唱会，会因为同学不认同自己偶像而与其吵架，会整天沉浸在与人掐架中无法自拔，她们甚至可能会对父母说，你们算什么，偶像才是我的一切。

在追星的路上，一些粉丝变得越来越固执、偏激，她们的智商与情商正处于并将长期处于理性的初级阶段。

所以，许多脑残粉毁三观的所作所为，强有力地向社会证明了，追星的确是一种脑残的行为。

其实，追星本无原罪。

粉丝需要正名。

对于追星，我们不能够陷入非对即错的二元对立评判。

追星本来是一个价值中立的词，关键是要看粉丝赋予它什么。

当你在追星中，学会了与人掐架、变得走火入魔，那么，追星是负能量。但是，如果追星给了你信仰，赋予了你前进的动力，那么，追星便是正能量。

追星是否是脑残行为，无关年龄，无关职业，无关性别，而与粉丝是否理性有关。

追星并不是错，而是有些粉丝所采取的方式不对。对于每个粉丝而言，难以改变别人的偏见，那么，就改变自己，用行动替追星正名。

追星并不等于幼稚。

不可否认，粉丝群体的低龄化特征明显，其中有很多是小学生、初中生，所以，她们的行为可能并没有那么成熟，但是，这是人成长的正常过程。

在未充分了解他人的情况下，就轻易贴上脑残、幼稚的标签，这本来就是一种真正的幼稚。

追星并不等于脑残。

追星并不意味着偏激、浮躁，相当多的粉丝能够很好地处理好追星与学习、追星与工作、追星与生活的关系。

有些粉丝在追星的过程中，的确存在一些偏激的行为，但是，这种偏激可能并不是追星带来的，而只是她们的偏激性格在追星这一行为中的反映。

追星并不等于低俗。

娱乐圈的确存在一些不好的现象，但是，这些阴暗面并不是娱乐圈的全部。

许多明星充满着正能量，他们的励志成长过程，给了粉丝激励与信仰，各种影视作品给人们带来了愉悦。

粉丝圈里的小伙伴一起追星，让孤单的粉丝收获了友谊、快乐与成长。

社会的偏见需要摒弃。

追星需要重新定义。

喜欢追星，与喜欢读书、喜欢旅行一样，都是一种能够带来身心愉悦的爱好。

有些人喜欢读书，从书本中汲取知识，有些人喜欢旅行，在旅行中感受大自然的风景，而粉丝们喜欢追星。在粉丝心中，偶像便是最好的风景，追星的过程便是一个汲取知识与力量、欣赏风景的过程。

各种爱好之间，本无高低优劣之分。

在追星的过程中，粉丝和偶像一起成长。

许多女孩为了追星，硬生生把自己变成了十项全能，写得了文案、修得了美图、剪得了视频，艺术审美能力、沟通协调能力、团队合作能力都得到了大幅提升，并收获了珍贵的友谊甚至爱情。

粉丝都是小可爱，需要被社会温柔以待。

一个成熟、理性的现代社会，应该是价值观与行为选择多元化的社会。因此，社会对于追星应该多一些包容，对于粉丝应该多一些理解，摒弃对于追星与粉丝的傲慢与偏见，以一种更为宽容的态度来看待追星。

媒体需要有责任与担当。

一些媒体为了点击率，特意关注那些堪称脑残的追星行为，并肆意放大，而对于那些素质粉的公益行为却不着笔墨，这种报道上存在的选择偏差，易使得粉丝被污名化。

社会的话语权牢牢掌握在成年人手中，如果这些未成年粉丝未能够按照成人既有的价值观与规则来行事，便易受到批判。

其实，我们不应该把自己的想法与认知，强加于他人。

在粉丝没有违反法律与道德的前提下，不应该对她们的行为轻易地贴上脑残标签，并舞动批判之剑对她们进行审判。

每个人都有可能成为标签化评判的受害者。

粉丝追星，你给她贴上脑残粉的标签。同理，你是路人，当你对某个明星发表不同的意见，粉丝给你贴上黑粉的标签，你是否乐于接受？

尊重他人，以及他人的爱好，是一个人自我修养的重要体现。

当然，在被贴上不成熟、脑残的标签时，粉丝也需要反思，自己是不是的确有哪些行为有待改进？

在粉丝圈里，理智是稀缺资源。

理性的追星行为都是一样的，而非理性的追星行为各有各的不同。

粉丝的低龄化，导致她们易痴迷、易冲动、易疯狂，也易被舆论所引导。

她们认为自家偶像是完美的，接受不了任何不同的声音。她们容易受粉丝圈大大、营销号与经纪公司的诱导，一言不合就掐架。她们把追星当成生活的全部，置学习、工作于千里之外。一些粉丝因为追星而丧失了理智与三观，并最终丧失了自我。

爱是疯狂的，但与此同时，我们应该遵循尼采在《查拉图斯特拉如是说》中的教诲，"爱里总有疯狂的成分，但同样的，疯狂里也有着理智的成分。"

爱，应该是疯狂与理智的结合。

追星本来就是一道主观题，没有标准答案，但一个不可否认的事实是，高素质粉会大大刷新人们对于追星、对于明星的认知。

所以，各位粉丝们，为了自己、为了偶像，应该好好阅读并领会《粉丝的自我修养》一书，找到追星正确的打开方式，用实际行动重新定义追星，这也是我写此书的初衷。

追星艰难，理解万岁。

我迷故我在

偶像与粉丝是娱乐圈生态里两个最为重要的主体。

偶像是领导者，而粉丝则是追随者。

其实偶像崇拜古已有之，杜甫就是李白的忠实粉丝，他一生写过十几首关于李白的诗，如《赠李白》《与李十二白同寻范十隐居》《春日忆李白》《冬日有怀李白》《梦李白二首》等。

从诗名我们就能够看出杜甫的痴迷程度，春天想李白，冬天念李白，连梦中都在思李白！

可惜，我本将心向明月，奈何明月照沟渠。

李白心里想着孟浩然，并写了多首诗表达自己的感情，如《赠孟浩然》《春日归山寄孟浩然》《黄鹤楼送孟浩然之广陵》《淮南对雪赠孟浩然》《游溧阳北湖亭瓦屋山怀古赠孟浩然》等，甚至直白地表示"吾爱孟夫子，风流天下闻"。

当然，故事没有结束，孟浩然的偶像是王维。

作为粉丝，杜甫获得了"诗圣"的尊称，与其偶像李白的"诗仙"并列。韩愈有言"李杜文章在，光焰万丈长"，这代表后人对于杜甫追星生涯的高度赞许与认可。

从词源学来讲，"偶像"一词最原始意义是指"用木头或泥土等制成的人形"，后引申为"为人所供奉与崇拜的雕塑品"，再发展到现在，该词泛指

"人们所仰慕或崇拜的对象,是人们心中具有神秘力量的象征物"。

人类的崇拜心理似乎是一种本能。

以前科技不够发达的时候,人类对自然界很多现象都解释不了,只能将自然现象贴上神灵的标签,然后加以崇拜。于是,自然崇拜与图腾崇拜流行。

与图腾崇拜类似,在娱乐文化逐渐发达的当今,明星崇拜开始作为一种时尚。

追星,顾名思义,意味着粉丝是明星的追随者,而粉丝追随的动机,则源于爱慕、认同或者其他因素,并进而形成一种思想和行为上的模仿。

明星是什么呢?是一个人,是被消费的对象,也是一种文化现象。

本质上,明星是一个被建构的符号。

既然粉丝需要有崇拜的对象,那么,娱乐产业就打造出一个完美的人,来供粉丝崇拜。

社会中有价值的资源是稀缺的,颜值高、唱功好、演技精湛,这些都是稀缺资源。更为关键的一点在于,这些稀缺资源能够衍生出更为稀缺的资源,即注意力资源。

简单地理解,玉树临风的小花小生,经过精心打造后,具备了各方面都很优秀的形象,然后,该形象可以获取粉丝的注意力资源,从而大量圈粉。

在明星形象的建构过程中,光环效应或者晕轮效应发挥了重要的作用。

粉丝们看到偶像身上的某一个闪光点,就会自动地把该闪光点无限放大,认为偶像在其他方面也是完美的。要是路人敢表达异议,有些粉丝便要招架了。

其实,粉丝的这种行为,是被娱乐产业迷惑的结果。

而被迷惑之后,粉丝便容易沉浸于一种癫狂状态,王小波在《明星与疯癫》中对此有经典论述:

"明星崇拜是一种癫狂症,病根不在明星身上,而是在追星族的身上。理由很简单:明星不过是一百斤左右的血肉之躯,体内不可能有那么多有害的物质,散发出来时,可以让数万人发狂。所以是追星族自己要癫狂。"

"有点癫狂不算有病,这种癫狂没了控制才是有病。"

"追星族常常有计划、有预谋地发一场癫狂,何时何地发作、发多久、发到什么程度、为此花费多少代价,都该由那些人自己来决定。"

粉丝应该清醒地认识到，哪有什么完美的人呢？尤其是在许多粉丝的价值观里，颜值即正义，只要长得帅，就是完美的，犯什么错都是可以被原谅的，而要是长得不帅，那么你的长相就是一个不可原谅的错误。

偶像与粉丝之间是一种虚拟的契约性关系，偶像需要从粉丝那里获得金钱支持，"你我本无缘、全靠我花钱"，而粉丝则需要从偶像那里获得精神支持。

那么，偶像在粉丝的精神世界里是一个怎样的定位呢？

朋友？爱人？家人？抑或其他身份？

或许粉丝们对偶像的定位有所不同，但是，她们在追星过程中，都会有很强的代入感。

现在的明星流行卖男友人设，哪怕是女明星也是如此。为何？因为绝大部分追星族都是女生，需要寻找情感上的满足。

于是，娱乐产业给这些粉丝制造了一个梦幻的场景，里面有偶像，有自己，足矣。

明星是贩卖梦想的人。

很多粉丝都有成为明星的梦想，但是，由于各种因素的制约，粉丝的明星梦难以实现，于是，便对明星更为崇拜。

在明星的身上，粉丝们有一种替代性满足。

正如学生在高中时期，一心想着努力学习，然后考上好大学，但很无奈的是，自己学习能力不够，或者吃苦程度不够，成绩提升不了。这时，如果身边有人考上了北大、清华，自己的内心肯定会充满了崇拜。

有些粉丝是由于现实压力大，或者精神空虚，需要寻找一个精神寄托，而偶像就恰好扮演了这一角色。追星成了粉丝们逃避现实压力、排遣孤独的重要途径。

虽然偶像可望不可即，这种精神寄托有些虚无，但是，偶像对于粉丝心理的影响是巨大的。

这就是精神崇拜的魔力所在。

不管粉丝对于偶像的定位如何，偶像都是很多美好事物的载体，承载了粉丝对于人生太多的幻想与期待。

追星，本是一种想象力游戏。

于非鱼

追星始于初识时内心的悸动。

许多人在未追星之前，无法理解粉丝这一特殊物种的存在。可是，真正等到自己也入坑时才明白，终会有人打破你的规则并成为例外。

粉丝入坑的原因各异。

有些粉丝是始于颜值、陷于才华、忠于人品，也有些颜粉是始于颜粉、陷于颜值、忠于颜值。

有些粉丝喜欢狂热地表达爱，有些粉丝喜欢细水长流。

尽管入坑的原因不同，表达爱的方式也不同，但是，有一点是相同的，那就是追星能够给粉丝打开一扇神奇的大门。

追星是什么？

是青春，是陪伴，是成长。

青春太过于美好，以至于怎样过都是一种浪费。所以，选择把青春浪费在美好的事情上，是一种明智的选择。别人的青春在恋爱，而粉丝的青春在追星，其实追星也是恋爱，是一场盛大的暗恋。

粉丝喜欢偶像，但是，她们仍然难以和偶像有交集，这是一种痛苦。

感情是自私的，她们既希望偶像能够走红，这样偶像才会有更光明的星途，但又不希望偶像太红。如果偶像永远只是一个十八线小明星，这样，粉丝就能够独享偶像的美好。

粉丝做过最大胆的事情，便是在青春时能够肆无忌惮地喜欢偶像。人生难得几回疯，此时不疯更待何时？

那些疯狂追星的岁月，都是回不去的青春。其实，也许粉丝自己也难以理解为何自己会疯狂追星，她们只知道，喜欢偶像并不需要那么多理由。

随着年龄的增长，粉丝的行为不再如年少时那般轻狂，但是，痴迷不减。只是这份爱在经过岁月的沉淀之后，更为厚重。

如果哪天粉丝不追星了，也许就是该和青春说再见了。

追星，或许意味着粉丝走上了一条不归路。

追星路上，虽然会遭受来自社会的傲慢与偏见，有时很累、很疲惫、很委屈，但是，粉丝觉得这一切都很值。

粉丝追星是为了支持偶像、取悦自己，无论是花钱买周边，还是熬夜打榜，抑或以偶像名义做公益，这些都让粉丝收获满满。

为喜欢的人付出，自然是幸福的。

追星，本是一件让人享受、使人快乐的事情，如果你在追星路上只遭受了无尽的风雨，而没有遇见彩虹，那一定是你打开的方式不对。

追谁很重要，因为偶像的价值观，会塑造粉丝的价值观。同时，和谁一起追也很重要，粉丝圈其他粉丝的行为，会影响自己的行为。

粉丝圈水深，让人心累，有时很想退出，但是，偶像的一张照片就能够让粉丝瞬间打消这个念头。

追星之后，粉丝变得很脆弱，容易感动，容易被莫名戳中泪点，经常会想去替偶像承受一切嘲讽与诽谤，期待偶像能够被这个世界温柔以待。

粉丝不只是在追星，而是在追梦。

在粉丝感到迷茫与绝望的时候，偶像就是粉丝心中的小太阳。即使再伤心、难过，她们一想到偶像，便有了坚持下去的勇气，阴郁的心情也烟消云散。

偶像是希望、目标与信仰，能够扫除一切阴霾。所以，追星成了最好的良药，可以治愈粉丝的一切委屈。

看到偶像笑，粉丝嘴角也会自然地上扬。

粉丝会因偶像高兴而高兴，因偶像难过而难过。

看到偶像被黑时，粉丝会委屈到吃不下饭、睡不着觉，心疼得要死。看到偶像的努力获得认可时，粉丝会由衷地替他感到高兴。

偶像的作品带给了粉丝温暖与力量，感染着粉丝、治愈着粉丝、激励着粉丝，为粉丝孤独的灵魂找到栖身之地。从而，平淡无奇的日子里，也多了许多期待与惊喜。

遇见优秀的偶像，会成就更好的自己。

追星是发展的动力，而非前进的绊脚石。追星的意义，本来就在于让粉丝变得更加优秀。

粉丝之间的惺惺相惜，遇到黑粉时的并肩作战，都是成长。和一批志同道合的姐妹一起以偶像名义做公益，参加集体献血，为贫困学生捐款，这些事情虽小，但是，让粉丝学会了如何去爱他人。

追星，是对美好的追求。

偶像前进的脚步从未停止，一直在追寻梦想的路上坚定地前行。陪伴是最长情的告白，粉丝不会放弃追随偶像的脚步。

十年之前，偶像默默无闻；十年之后，偶像风生水起。

粉丝见证了偶像从平凡到辉煌的历程，见证了偶像的每一次自我突破，和偶像一起经历每一个美好的瞬间。

也许偶像不会做一辈子明星，粉丝也不会一辈子追星，但是，这又有什么关系呢？大家都在不同的领域内各自努力地发光，在不同的地方诗意地栖居着。

如果有来生，你是否愿意与偶像互换身份？

感谢相遇，感恩相伴，惟愿君安好！

粉丝行为，偶像买单

粉丝行为，偶像买单，这是粉丝圈铁律。

此话看似荒谬，粉丝与偶像是两个独立的个体，为何某一个体要为另一个体的行为买单呢？

粉丝行为、偶像买单的推演逻辑如下：从某个粉丝的行为，可以推断出粉丝群体的素质，进而，从粉丝群体的素质，可以推断出偶像的素质与形象。

显然，该推演过程在逻辑上完全不严密，甚至有些荒唐。

但为何正是这样的强盗逻辑，却有着广阔的应用市场呢？

我们必须承认的一个事实是，粉丝行为、偶像买单的现象很常见。

很多明星被黑，往往离不开粉丝的助攻。

通常，路人可能只是想在微博上客观表达一下真实感受，不捧也不黑。

可是，粉丝认真了，非得追问你，你知道他有多努力吗？为何他这么努力你还忍心黑他？你行你上啊？

更有甚者上演人身攻击。

一个脑残粉顶十个高级黑，此话并非玩笑。

在各种粉转路人、路人转黑、粉转黑的过程中，通常都是脑残粉在作怪。

粉丝行为、偶像买单，从推理上看属于强盗逻辑，从事实上看又客观存在。这种情形矛盾吗？

不矛盾。

合理与否，存在与否，这是两码事。

因为，本质上，理性与感性是两码事。

逻辑是理性的，讲究严格的推理，各种要件要符合，推理的过程要严密，因果关系要明确。

而情绪是感性的，可能没有太多逻辑可言。

粉丝行为、偶像买单是一种典型的迁怒行为，路人把粉丝的言行迁怒于偶像，让偶像背锅了。

孔圣人告诫我们，不迁怒、不贰过。

但知易行难。

人的情绪不是绝对理性的，人可以爱屋及乌，也可以恨屋及花。

心理学权威学者弗洛伊德创立的精神分析法提出了心理防御机制。该机制的基本含义是，人的内心都有一种自我防御的功能，通常情况下，人的心理处于一种平衡状态，但是，当遇到挫折、冲突、攻击等情况时，例如被粉丝们人身攻击时，人内心的平衡状态便被打破。

此时，为了维持原有的心理平衡状态，心理便会启动防御机制，以缓解外界冲击带来的压力。

这种心理防御是潜意识的，相当于一种本能。

心理防御机制有很多小机制。

比如否定机制，这是一种很简单的防御机制，个体把外界的刺激当作没有发生，以寻求精神上的暂时安慰，就像鸵鸟把头埋进沙堆一样。

比如合理化机制，就是个体用似乎合理的解释，来为难以接受的事情做辩护。如有些人常用知足常乐，来掩饰自己的毫不上进。

比如仪式抵消机制，就是用一些象征性的行为，来抵消其他行为带来的紧张感。如果哪个粉丝的老公平时很少送礼物，但是某一段时间，突然喜欢说甜言蜜语，还送她礼物，这时，有可能是他情商突然提高了，更有可能是他打牌输了，或者做了其他错事，送礼物只是为缓解一下他内心的罪恶感。

心理防御机制中，有一种是转移机制。该机制意味着，个人在受到外界的刺激或者攻击时，会产生一种不愉快甚至愤怒的情绪。但是，由于诸多原因，这种消极的情绪又不能直接向对方发泄，或者即使发泄了，也不会对他产生什么伤害。于是，个人便会向其他对象来发泄。

通常情况下，这种被转移的对象较无辜。

父母在吵架时，旁边的小孩容易成为发泄的对象。

男人在外面受领导批评了，回家便把气撒在老婆身上，显然，这种行为挺让人鄙视的。

粉丝行为、偶像买单的心理学机制，就是这种转移性心理防御。

想象一下，如果你和粉丝掐架，花费了大量时间与精力，而对方很可能只有情绪没有逻辑，这样你很难撕赢她们。

此时，你可能就会选择从她们的偶像入手了，因为偶像才是她们最为在乎的。

即使你不与粉丝掐架，但是，当你屡屡被她们攻击的时候，你也会自然而然把自己心理的负面情绪，迁怒于她们偶像。

相信这是很多人的切身感受。

本来对某明星颇具好感，但是，当你对该明星的行为发表简单评论之后，就被几个粉丝追着不放，并加以各种人身攻击，这些行为都大幅消磨了明星的路人感。

虽然理智告诉我们，粉丝与偶像的行为要分开，但是，情绪又大声地吼道，这两者是不可能分开的。

那么，明星真会为粉丝的行为买单吗？

路人与粉丝在贴吧、论坛等地方吵得再厉害，明星通常看不到。在明星聚集的微博，虽然明星可以看到路人与粉丝掐架，可是，他们应该早就练就了金刚心。

这是不是意味着粉丝与路人掐架，不会对明星产生任何影响？

非也！

明星是一种靠形象生存与发展的特殊商品。

所以，明星的路人缘很重要，圈内人缘很关键。如果某家粉丝天天和他家掐架上热搜，这对于明星而言是一种损害。

综艺节目导演、电影导演等娱乐行业从业者，肯定也不希望找一个粉丝战斗力爆表的明星来参加自己作品。

偶像其实也并非实力背锅侠。每个明星的粉丝群体有自己的特质，而这种特质与明星直接相关。

当然，粉丝有时会被这句话剥夺话语权。

即使粉丝们在理性地与他人交流、辩论，但一旦他人抛出粉丝行为偶像买单时，仿佛就已占据道德制高点。此时，粉丝要是再解释，就意味着她们在给偶像抹黑。粉丝似乎除了拱手认输，别无选择。

太阳的光芒，会被追随它的乌云所遮挡。

粉丝行为、偶像买单这一话语最大的价值在于，告诫粉丝自觉约束自身行为，如果对偶像是真爱，请提高自我修养，理性追星。

尼采在《查拉图斯特拉如是说》中说，"伟大的爱还要创造它所爱的对象"。

所以，希望偶像与粉丝都能够让对方变得更好，这才是爱该有的模样。

我自静默向偶像

生而为粉，天生无话语权。

粉丝无话语权，路人最高贵，这似乎成了粉丝圈的共识。

在粉丝面前，路人永远是站在道德的制高点，仿佛不追星，就代表格调高人一等，可以随时对粉丝挥舞道德的大棒。

你追星，路人会给你贴上脑残的标签，即使你理性追星，以偶像名义做公益，路人也会说，真脑残，有这时间怎么不去孝敬你父母?

但是，孝敬父母与追星并不是单项选择，粉丝难道不能够既孝敬父母又追星?

当然，粉丝的解释不重要，路人不会接受任何反驳，因为在路人眼中，粉丝的一切行为皆为脑残之举。

做公益是傻，花钱是痴，这些行为都应该接受讨伐。

粉丝这一群体被严重妖魔化了，许多人喜欢戴着有色眼镜来看待粉丝，在他们的价值观中，追星就是不务正业，粉丝就是脑残。

于是，许多粉丝在追星时，只能够选择隐瞒。向父母隐瞒，向同学隐瞒，向朋友隐瞒。

也许，这种隐瞒也是一种自我保护吧?

因为，追星要学会忍辱负重啊!

网络上的黑粉长年不带脑子出门，喜欢编造各种黑料诽谤明星，并用恶毒、低俗的言词对明星进行人身攻击。

可粉丝能奈何？

粉丝无权反驳，否则分分钟会被路人教育如何做人。

造谣一张嘴，辟谣跑断腿。可是，即使粉丝用图片、视频等事实来反驳谣言时，也会被认为是强行洗地。

在一定程度上，粉丝的确会戴上滤镜来看待关于偶像的事情。但是，即使粉丝用数据、图片等实锤来说话时，还是会被黑粉喷。于是，粉丝处于不说憋屈、说了招黑的两难境地。

黑粉不会在乎粉丝的话有没有道理，只要你反驳了，你就输了，就是脑残粉。

在面对黑粉的造谣与谩骂时，粉丝难道只能选择看着他们骂，骂完后还要腆着脸、赔着笑，恭恭敬敬地送上一句您辛苦了？

做粉丝难，做流量小生的粉丝更难。

流量小生无话语权，小生的粉丝也无话语权，极易成为被集体嘲讽与讨伐的对象。对于相当多的粉丝而言，自己可以没有话语权，但是，她们显然不能够看着自己的偶像没有话语权，被攻击。

于是，粉丝会站出来反驳。

于是，就被路人说成了脑残粉。

于是，一个"反驳——被说成脑残粉——再反驳——果然是脑残粉"的死循环形成了。

流量小生的粉丝不敢夸偶像颜值高，否则会被黑粉称为眼瞎。小透明碰瓷时，粉丝不能怼回去，否则，会被说是欺负人。粉丝夸合作明星，就会被说成倒贴。粉丝给偶像刷上了热门话题，就会被说是在买通稿炒作。

总之，一切都是粉丝的错。

偶像参演的剧火了，粉丝不敢夸，因为路人认为那是集体的功劳，与你家偶像没有半分钱关系；偶像参演的剧扑街了，粉丝只能接受路人攻击，不能够反驳，因为路人觉得这锅你家偶像必须得背着。

黑粉喜欢装路人来嘲讽，或者伪装成粉丝来给明星招黑，粉丝除了选择举报之外，似乎没有其他回击方式，因为越和黑粉讲理就越容易激起他们的兴趣。

路人与黑粉们有一个最大的杀器，就是粉丝行为、偶像买单。

她们的逻辑是，我造谣你偶像，你作为粉丝不能够反驳，否则就是给你家偶像招黑；我对你进行人身攻击，问候你家人，但你不能够骂我，否则就是给你家偶像招黑；我对你和你家偶像做任何事，你都只能够欣然接受，否则就是给你家偶像招黑。

路人与黑粉永远代表真理，不管事实如何，粉丝都必须选择躺平任嘲，否则就是脑残。

于是，粉丝只能够选择隐忍，她们秉持不与黑粉论长短的态度，明明好生气，但还是要保持微笑。

常言道，光脚的不怕穿鞋的。

路人与黑粉可以无所顾忌，但粉丝不同，她们有软肋、有顾虑，也就有了弱点。她们为了给予偶像最大程度的保护，有时只能够憋屈地忍让着。

粉丝变得越来越谨言慎行，她们在追星路上小心翼翼地行走着，每次想评论一些真心话，可打了一长串字之后，又默默地删掉了，或者有时已经发出去了，又选择删除。

因为她们有粉丝属性，怕引起路人的攻击。

路人最高贵，粉丝正面肯定就是吹，用实捶澄清就是强行辩解，一言不合就被贴上脑残粉。路人、喷子、黑粉等任何一类群体貌似都比粉丝有话语权。

追星的酸楚，说了矫情、不说憋屈。

天知道粉丝追星有多累，如果哪天她们抑郁了，那很可能就是被路人与黑粉们所逼。

在无奈的现实面前，粉丝们学会了妥协与退让。

她们再不敢顶着偶像 ID 与头像，来与人争论。于是，小号的价值便体现出来了。

她们不奢求路人能够夸偶像，只要不再骂得那么难听，就已经很感谢了。

她们不期盼能够得到别人的支持，但求多一点理解与尊重。

成熟的人，会尊重他人的选择，不会辱人所爱，不会轻易对别人的行为评头论足，更不会通过贬低他人来获得自我优越感。

追星只是一个很普通的爱好，不要随便给粉丝贴上脑残、幼稚、盲目、疯狂等标签。

理性的社会，会包容多元的价值观与多元的选择。

愿社会能够给粉丝更多的善意与温暖。

除了寄希望于他人改变成见，粉丝内心的修炼同样重要。置身于不太友好的舆论中时，粉丝应该提高钝感而抛弃玻璃心。

"尽量减低我们对待别人意见的敏感程度，无论我们在受到别人意见的爱抚或伤害时都应如此，因为这两者悬挂在同一根线上。否则，人们就只能成为他人的看法和意见的奴隶。"

叔本华如是说。

第二辑　粉丝经济

明星吸金之道

　　学术研究的重要思维之一，便是问题导向。

　　问题与疑惑是我们进行研究的切入点，而对于答案的追寻，则会指引研究的开展。

　　明星吸金容易似乎已是社会共识，这一现象背后究竟有着怎样的商业逻辑？这就是我们想要弄清的问题。

　　媒体经常会用天价片酬、吸金百万等相关字眼，对明星的收入进行报道。

　　有些明星拍摄一集真人秀，能有十万甚至百万收入，但与此形成鲜明对比的是，普通老百姓辛苦工作一辈子也可能难以达到此水准。

　　如此强烈的对比与反差，会不断刺激我们的大脑，社会舆论在反思着：明星是不是吸金太容易了？

　　甚至还有一种声音，是主张政府对明星课以重税，抑或对明星的片酬额度进行限制。

　　娱乐产业发展的宏观背景是我国市场经济的发展。

　　改革开放后，社会的物质水平大幅提高，小伙伴们无需再为没有饭吃、没衣服穿而操心。

　　在基本的生计需求得以满足之后，人们便开始在精神上有所追求。

　　娱乐产品的受众具有多样性，无论是阳春白雪，抑或下里巴人，皆颇具市场。

娱乐是满足人们精神需求的重要产品，而明星则是娱乐产品的重要载体之一。

简言之，市场经济的发展，一方面使得娱乐产业的发展有了必要性，因为公众需要娱乐产品来满足精神需求；另一方面使得娱乐产业的发展有了可能性，因为社会经济水平大幅提高，进入娱乐产业的资本自然会相应增多。

显然，不管明星的高收入是合理还是不合理，我们都必须承认的一个事实是，明星的高收入是市场机制作用的结果。

在市场经济中，商品价格的高低，是由供需关系决定的。

就需求方而言，我国14亿的人口基数，必然意味着庞大的娱乐市场与无限的发展可能。

就供给方而言，尽管想成为娱乐明星的人众多，但是，真正一线、二线的明星仍然比较少。

如果把这些明星的数量与14亿人口基数相比，那明星显然就更少了。

经济学的作用逻辑是，明星这一娱乐资源的稀缺性，使得明星供不应求，从而价格畸高。

明星最擅长生产的产品是快乐。

快乐的呈现形式有电视剧、电影、音乐等，这种文化产品载体的多样性，使得明星具有多元化收入来源，包括拍电影、拍电视剧、广告代言、参加综艺节目等。

消费者对于文化产品的付费方式是不同的。

有些是直接付费，如电影、专辑等，而另一些是间接付费，如电视剧、综艺节目、广告代言等。

当你去电影院看电影时，你直接就付钱了。但是，当你在家看电视时，娱乐明星在综艺节目中极为卖力地逗你笑，而你却似乎并没有为明星或者电视台付费。

为何他们如此努力？

本质上，消费者直接与间接付费的这两种消费方式，代表着粉丝经济两种不同的商业逻辑。

就消费者直接付费而言，明星的高收入与他们所卖商品的形态密切相关。

电影这一产品是无形的，有着典型的非竞争性与非排他性。

换言之，李白看了某电影，并不影响杜甫对该电影的观赏，李白与杜甫对电影这一产品的消费，不存在竞争性。

正是由于非竞争性与非排他性的存在，使得电影具有无限的可复制性。

这种可复制性，使得电影能够被无数人消费，所以，同一部电影可以同时在全国各大影院反复播放。

此时，农民伯伯难以赚钱的原因便很明确了！

因为一个农民能够种植的田是很有限的，而田里水稻的产量也是有限的，从而，他辛勤劳作后的收获也是有限的。

当张二狗从农民手中买走一万斤稻谷之后，小李子便买不到了，所以，稻谷这种产品的消费，是具有竞争性与排他性的。

中国有着14亿人的庞大市场，而这些人对电影等产品的消费并不存在竞争性与排他性，所以，很多电影的票房极为可观。

当主演是当红明星的情况下，票房能够轻松破亿、破十亿，甚至更多。

就消费者间接付费而言，这种粉丝经济的商业逻辑则更为隐蔽。

事实上，在粉丝观看明星的电视剧或者综艺节目时，粉丝不仅仅是观众，而是变成了一种商品。

在备受欢迎的真人秀中，存在的关键主体有电视台（综艺节目的制作者与播放者）、广告商（综艺节目的赞助商）、明星（综艺节目的表演者）、粉丝（综艺节目的观看者）。

其中的价值链是，广告商给钱赞助电视台——电视台用广告商的钱请明星——明星表演节目吸引粉丝观看——粉丝观看节目。

在这一链条中，粉丝们似乎没有任何付费，便享受到了电视台精心制作的节目。

但是，深入本质来看，粉丝实质上是一种商品，一种被电视台与明星合作生产的商品。

这便是另外一条价值链：生产者（电视台与明星）——消费者（广告商）——商品（粉丝）。

粉丝的数量与质量，影响粉丝这一商品的价格。

粉丝数量的最直观体现便是收视率，所以，电视台都一心追求收视率。

而粉丝的质量，就是指粉丝群体的消费能力。

电视台为了打造出更多数量、更高质量的商品（这种商品是粉丝），花钱请明星参加综艺节目，是最重要也是最直接的方法。

换言之，电视台与明星一起努力，来打造粉丝这一商品，打造好之后，再卖给广告商，而广告商也乐意付费！

粉丝质量不同，付费价格也不同。

《新闻联播》的观众，主要是政府官员、企业家、各行业专家，这类群体处于社会的精英阶层，具有很强的消费能力。

广告商愿意斥巨资从央视手中购买《新闻联播》的观众，而购买方式便是出广告费。

所以，《新闻联播》开始之前半分钟的广告，通常是各种酒类、手表等高档产品。

明星广告代言的商业逻辑则更为简单：生产者（明星）——消费者（广告商）——商品（粉丝）。

明星作为生产者，生产粉丝这一商品，然后再把这一商品卖给广告商，广告商出代言费，从明星手中购买粉丝这一商品。

此时，明星能够赚钱与否，与粉丝这一特殊商品的数量（即粉丝多少）与质量（即粉丝消费能力）有关。

在娱乐市场，对于绝大部分当红小花小生的粉丝群体而言，其每一个体的平均购买力大体相当，于是，粉丝数量（即人气）便成了衡量明星商业价值的重要标志。

显然，无论是粉丝直接付费，抑或间接付费，这两种商业逻辑的本质是一致的，即羊毛出在羊身上，最终为电视台与明星天价收入买单的，是粉丝与其他普通消费者。

电视台对收视率的执着与明星对于人气的追求，本质上都是为了追求更高的商业价值。

那么，明星如此高的收入是否合理呢？

社会上常见的舆论是，感叹造原子弹的科学家，收入还比不上明星。

当我们将明星的收入，与科研人员或者农民的收入进行比较时，通常犯了取样的错误，而这是一个典型的研究方法错误。

娱乐圈从业者众多，明星只是这一庞大群体中的佼佼者，所以，我们拿娱乐行业的佼佼者，来与其他行业的普通从业者进行比较，显然是不合理的。

媒体只报道了某明星片酬上亿，而其实有着众多的横漂，为了一个群演机会而苦苦等待着。而且他们即使获得群演机会，其工资可能只够吃一个盒饭，拿这些横漂与普通农民相比较，才是比较的正确打开方式。

同时，我国的娱乐文化是一个市场经济程度较高的领域，而高校等科研机构，有着很强的计划经济特征，主要由政府调控。

科研项目的选题，主要是国家以一些纵向项目的形式给出，而科研成果的使用者，也主要是政府。

事实上，对于相当多的行业而言，如果从业者发展到了该行业的金字塔塔尖，其收入都是相当可观的。

如果科研人员把具有市场前景的科研成果进行产业化，那么，可能会获得巨额收益。

同理，如果农民建立加工厂对农产品进行规模化加工、工人摸索出一套有价值的专利卖给制造企业，收入都会比较可观。

同时，我们可能低估了明星的贡献。

互联网时代，人们会推崇产业链或者生态的概念，而明星的贡献，则在于带动了产业链或生态的发展。

一些综艺节目的拍摄，可以使一个完全不知名的地方，变成旅游热点，进而相应地带动餐饮、住宿、交通、文化产品等相关行业的发展，并创造大量就业岗位。

显然，这些都是明星实实在在的贡献。

娱乐产业的发展，最终有可能惠及娱乐产业链上下游的各个主体。

当然，社会对于明星高收入的担忧与批判也不无道理。

在粉丝群体中，绝大部分都是未成年的学生，这些小孩们正处于三观的塑造阶段，对于金钱等社会化事物的认知能力有限。

当这些粉丝看到农民辛苦劳作一辈子的收入，还赶不上明星一首歌或者一个商演赚钱多的时候，便会一门心思想要当明星。

明星片酬上亿等字眼，不时地刺激着她们的眼球与大脑，容易扭曲她们的财富观与价值观。

明星收入的畸高，与国内娱乐市场的不成熟有很高的相关度。

很多粉丝的审美水平很低，尤其是那种只重颜值的审美取向，使得很多颜值高的明星，靠嘟嘴卖萌就可以大量圈粉。

即使这些明星毫无演技，他们所参演电影的票房也能够轻松过亿。

过分纵容的市场环境，使得明星们忙着圈钱而无力打磨演技，从而不能给观众贡献好作品。

一言以蔽之，明星的收入是由市场经济的供需关系决定的，本质是羊毛出在羊身上，明星的收入最后是由粉丝与普通公众买单。

庞大的粉丝群体，以及其不够成熟的审美观，使得明星们收入畸高。

显然，要想明星收入回归到一个合理的水平，还有赖于娱乐市场的成熟与粉丝审美品位的提高。

数说明星商业价值

大数据时代，数据为王！

在此逻辑下，明星的商业价值体现在数字上。

明星的人气是商业价值最直观的体现，而电影票房、专辑销售量等各种数据，则是明星人气最具说服力的度量。

于是，明星对于数据的追求是永恒的，正如电视台对于收视率的追求一样，狂热而持久。

媒体习惯于对明星冠以一线、二线，或者十八线，就是对该明星在娱乐圈的咖位与商业价值的形象描述。

一位明星究竟是属于一线，还是十八线？

通常，评判维度有作品的质量与数量、各类获奖的质量与数量、广告代言与时尚资源的多寡等。

明星的商业价值与这些数字的关系简单而粗暴。

作为一个明星，如果参演甚至主演的电影票房可观，或者参演的电视剧或者综艺节目收视率高，或者所发行专辑的销量高，那么其商业价值就高。

在微博上，明星的人气有了更多的呈现形式，如粉丝的多少与粉丝的活跃度，其中活跃度包括点赞数、评论数、转发数、话题数等。

娱乐经济本来就是注意力经济，或者更准确地说，是颜值经济。高颜值流量小花小生往往是票房、收视率与产品销量的保证。

因为他们有着庞大的粉丝群体，而且该群体的消费力惊人，她们会去追逐、消费偶像代言的产品。

因而，资本相当青睐当红小花小生。

如果一个明星主演的电影票房不佳、参加的综艺节目收视率低、发行的专辑销量差，那么，他必须面对的一个悲惨事实是，自己已经过气，或者根本没有火起来。

但是，通常情况下，明星不会轻易承认自己过气。

于是，他们通过电影票房注水、收视率造假等行为，来制造一种人气很旺的假象。

在新浪微博上，花钱买粉丝、请水军虚假评论等行为，已成为过气明星的惯用伎俩。

数据虽好，可不要造假哦！

明星 IP 的资本盛宴

明星 IP 是一个爆款词汇。

IP 即 Intellectual Property 首字母缩写，中文意思为知识产权。

其实 IP 一词出现很早，但主要应用于法学领域。在娱乐文化中，该词有着更为丰富、生动的内涵。

IP 一词的流行，与我国公众日益重视知识产权密切相关。对于电影等内容产业而言，其最为核心的就是版权。

在娱乐文化的语境下，IP 理解为内容更为准确。

IP 是一种具有独特性、差异化特征的资源，可以是一个故事、一个角色，抑或一款游戏，甚至也可以是一个人。

通常情况下，围绕明星而生成的 IP 称为明星 IP。徐峥所导演的《人在囧途》《人在囧途之泰囧》《港囧》等囧系列电影就是徐峥的 IP。

明星 IP 是一个综合、抽象的概念，它以明星为核心与依托，向着电视剧、电影、视频、音乐、文学、动漫、游戏、综艺节目、周边等多个细分领域渗透，从而衍生出一个娱乐生态圈。

南派三叔的小说《盗墓笔记》、顾漫的小说《微微一笑很倾城》被改编成电影，是 IP 在文学与电影领域的融合。

《爸爸回来了》《奔跑吧兄弟》等综艺节目拍成电影，是 IP 在综艺节目与电影领域的融合。

娱乐经济本质上是注意力经济，所以，娱乐产业的竞争，便是注意力的竞争。

显然，明星在吸引注意力方面，具有天生的优势。

明星自带流量，具有很强的市场号召力，这是一种高价值的无形资产。由于粉丝对于明星的认同度高，所以，围绕明星而打造的 IP 内容变现能力强，转化率高。

明星 IP 是围绕明星所进行的全方位商业价值开发，明星 IP 与产业的渗透与融合，可以带来不可估量的潜在市场价值。尤其是 BAT 等互联网巨头纷纷开始布局内容产业，给明星 IP 的发展注入了大量的资本。

明星 IP，大有可为。

成瘾性消费

英国学者罗杰克在《名流：关于名人现象的文化研究》一书中曾指出，"商品文化无法造就完整的文化，因为它在每件商品上都打上了转瞬即逝和完全不可替代的烙印。同样，名流文化也无法产生卓越的价值，因为任何一种趋向卓越的努力都被商品化扼杀在摇篮中。"

这段经典的论述，可以很好地帮我们理解商业文化与娱乐文化的关系。

消费社会的宗旨是消费一切。

这种消费不仅局限于物质上的消费，还包括精神上的消费，电影、歌曲、电视剧、杂志、小说等，都是精神的载体。当然，在娱乐产业里，精神文化还有一个最为重要的载体，便是明星。

明星是一个符号，该符号集合了各种商业元素与时尚元素。

粉丝文化背后的真正驱动，是商业资本的力量。

商业资本善于寻找消费者的痛点与多方利益的契合点。商业资本所打造出来的消费文化，驱动粉丝为自己的情感与价值认同而买单。

粉丝经济的商业逻辑，正是通过各种催眠，让粉丝意识到，在粉丝与偶像之间建立关系最简单粗暴的方式，就是消费与偶像相关的产品，撒钱才是硬道理，撒得越多，代表爱得越深。

这样，粉丝对偶像的消费便成了一种成瘾性消费。

粉丝们在消费偶像相关的商品时，感观能够刺激脑内的奖赏系统，并不断分泌多巴胺，这种多巴胺能够让人感受到愉悦。

所以，当粉丝在现实中遭遇挫折或者痛苦的时候，她们能够通过消费偶像及偶像相关的一切，来获取精神上的愉悦，从而抵消掉一部分精神上原有的悲痛。

成瘾性消费强调消费者的归属感与忠诚度，这种归属感与忠诚度来自消费者对于品牌的认同度。

颜值高的人更容易成为明星，因为社会对于美好的事物更有认同度；明星喜欢标榜自己努力，因为在人们的价值观中，努力是一种美德；有些明星喜欢卖情怀，因为情怀容易唤醒人们内心深处的记忆。

对于粉丝而言，成瘾性消费是一种馆藏式消费。

粉丝们喜欢收集关于偶像的一切，包括唱片、书籍、同款、代言等，这种收集的过程，就是一个消费的过程。

所以，不要觉得粉丝们疯狂收集周边的行为不可思议，她们在收集的过程中，就获得了愉悦感。

在资本力量的驱动下，娱乐产业正努力培养并扩大粉丝的成瘾性消费。

流量为王

不花钱无话语权，这是许多粉丝圈信奉的基本价值观。

该说法肇始于日本粉丝圈，后来逐渐扩散到内地粉丝圈。

在粉丝圈里，只有花钱才是真爱的表现，花钱越多表示爱得越深，而没花钱的粉丝则被贴上了某个恶俗的标签。

一旦粉丝被贴上充满偏见与鄙视的标签，仿佛就自动居于粉丝圈鄙视链的底端，只有被歧视与攻击的份，连基本的话语权都被剥夺了。

在许多粉丝圈里，不花钱的粉丝不仅无话语权，甚至没资格称为粉丝，只有花钱的那一刻起，她们才正式加入粉籍。

粉丝信奉"你我本无缘、全靠我花钱、钱尽则缘断"的原则，在她们看来，不花钱的爱是廉价的。

廉价的爱宁愿不要。

这与追女孩其实神似。

男生如果整天在嘴上说喜欢女孩，刚开始时甜言蜜语可能比较容易让女孩开心，但是时间久了就不再管用，需要时不时地送个包什么的来博取女孩欢心，包治百病嘛！

也许该女孩嘴上会说，我不需要你的礼物，只要你对我是真心就够了。如果你真信了，那可能就要注孤生了。

虽然她说要你真心，而不是礼物，但是，如何才能够代表你是真心呢？

当然是送礼物。

情感的逻辑中，送了礼物不一定代表真心，但是，不送肯定代表不真心。

娱乐圈是粉丝经济，花钱对于偶像的确很重要，粉丝花钱是对偶像的肯定与支持，也是偶像收入的重要来源。同时，粉丝购买力也是偶像商业价值的重要衡量指标，如果粉丝都不花钱，偶像的各项数据会缺乏亮点，长此以往，偶像就容易糊了。

所以，花钱是最直接、最简单支持偶像的一种方式。

在粉丝圈，最深情的告白，不是我爱你，而是各种买买买，专辑买买买、周边买买买、代言买买买。

于是，很多粉丝自开始追星，天天只有吃土的份了。

追星的确是一件烧钱的事。

各种门票、机票、专辑、电影票、打榜、应援等，都是需要金钱作为支撑。如果你能够满足于柏拉图式精神层面的消费，安静地在家舔屏，可能不需要多少资金支持，否则，多多少少都会有些花费。

可是，对于许多粉丝而言，一个长期存在的矛盾，是日益增长的追星花费与自身经济能力差或者无经济能力的矛盾。

所以，追星路上最大的障碍，不是距离，也不是时间，而是人民币。

在经济学来看，消费能力与消费意愿会直接影响到消费行为。

大部分粉丝都是学生党，其中小学生、初中生占了很大比例，她们没有支付宝，没有银行卡，更关键是没有收入来源，连生活费都是靠父母，所以，消费能力是很低的。

同时，有挺多粉丝粘性不够，还未到愿意为偶像花太多钱的程度。

许多花了钱的粉丝会把对偶像的支持，完全等同于花钱，她们通常会质疑其他粉丝，你一点钱不花，好意思说自己是粉丝吗？请原地爆炸。

有些粉丝圈大大还会以一副唯我独尊的姿态，把未花钱粉丝逐出粉丝圈。

如果粉丝圈对于未花钱粉丝不太友好，建议你们暂时不要混粉丝圈，粉丝圈水太深，圈地自萌就好。

默默地听歌，呆呆地喜欢，简简单单、安安静静地做一个舔屏党。偶像有作品时，热心去打榜，去推荐。

偶像代言了，在力所能及的范围内去支持。偶尔和几个同好，一起分享快乐。

当然，未花钱粉丝也要有自我修养，可惜很多粉丝认识不到，更做不到。

很多粉丝不能用钱来表达自己的爱，于是，选择通过到处掐架来表忠心，但是，这种行为实际上是在为偶像与粉丝圈拉仇恨。

有些粉丝自己没有花钱，却言必出"我不花钱我骄傲、谁出钱谁傻"。我不花钱，可是我知道我是真爱；你花钱，你就是傻。

于是，有了一句比较奇葩的流行语，"有一种粉丝，没看过演唱会，没应过援，没接过机，没为偶像花过钱，这种粉才是最后陪偶像走下去的人。"

不花钱本无罪过，但也不要以此为荣，并进而诋毁其他花钱的粉丝。

很多粉丝是伸手党，但却没有一颗伸手党必备的感恩心，喜欢对粉丝圈其他粉丝的行为指指点点，指责别人应援不到位，站子的资源不优秀等。

作为伸手党，整天一副指点江山的姿态，自然不受欢迎。

在"不花钱无话语权"这一话语大行其道时，我们有必要仔细审视一下其逻辑是否合理。

它是日本娱乐圈所衍生的词，后被移植到内地娱乐圈，其实是不一定适用的，因为现在内地娱乐圈与日本娱乐圈的商业逻辑有很大不同。

日本娱乐市场成熟，粉丝通常只会为作品买单，所以，明星都需要靠作品说话，其个人收入是与专辑、周边的销量直接挂钩。如果没有粉丝去花钱买买买，那么，该明星可能过不了多久就真糊了。

但是，内地娱乐圈则明显不同。

表面上看，伸手党的行为的确符合经济学所言"免费搭车者"，她们没有付出什么，却享受了粉丝圈的正外部性。可是，事实上，她们完全只是免费搭车者吗？

互联网时代，我们应该运用互联网思维去思考问题。

内地明星的商业价值，不仅仅体现在粉丝的购买力上，更体现在人气上，有了人气，便有了流量保证。

在互联网时代，流量为王。

电影、真人秀等都喜欢请自带流量的当红小花小生。所以，如果这些明星有了流量，何愁没有综艺等资源呢？在这些资源面前，明星卖几张专辑的收入简直弱爆了。

腾讯就理解了这一真谛。

通俗地理解，腾讯的业务可以分为基础业务与增值业务，基础业务如QQ、微信的交流功能等，普通大众对这些功能使用最多，增值业务如腾讯游戏、各种等级的会员充值等。

基础业务的使命不是赚钱，而是把流量吸引到腾讯自己的平台上，然后再深耕这些流量，寻找增值业务的潜在受众。

伸手党就是明星强大的流量基础，她们虽然没有花钱，但是，能够通过打榜等行为，来提升偶像的人气。

有了人气后，明星自然会吸附综艺节目、电视剧等各种资源。

拥有了这些资源，偶像能够进一步圈粉，这些被圈的粉里面可能就有消费能力很强的粉。

在提升国民度方面，未花钱的粉丝也是功不可没。

有些粉丝由于是学生，所以没有消费能力。但是，这种情况只是暂时的，等她们进入大学、工作后，消费能力便会提升了。

同时，也许这些粉丝自己没有消费能力，但是，她们会不断地推荐周围的朋友或父母。

试想一下，如果一枚四叶草的父母准备给她买一台学习机，该粉丝肯定会强烈推荐父母买步步高的学习机，因为该品牌是由 TFBOYS 代言。

这样，虽然该粉丝自己没有直接花钱，但是，她又实实在在带来了购买力。

所以，这些粉丝都是潜在的购买力，这种购买力可能比那些买了几件周边就优越感爆棚的粉丝要强大很多。

在互联网经济时代，我们有必要摒弃"不花钱无话语权"的思维。

团结一切可以团结的力量，才是统战工作的精髓。

有些粉丝圈不明白此道理，硬生生地把未花钱的粉丝从友军逼成了敌军，这实在悲哀。

腾讯要是信奉"不花钱无话语权"的教条，把不花钱的用户都赶走，那么，其绝对早已倒闭。

互联网经济时代，明星的商业价值与人气直接相关，有人在，就是对明星最大的支持。

当然，这并非说粉丝花钱不重要。

粉丝们在自己力所能及的范围内买买买就好，但不要将花钱追星变成无谓的攀比，导致自己天天吃土，却要对偶像花钱如流水。

我们必须意识到，卖专辑、卖周边等收入对于明星来说，真没有这么重要。对于很不成熟的内地娱乐圈市场而言，早已不是靠作品收入赚钱的时代。

流量才是王道。

我们可以通过数字来形象直观地理解其中的商业逻辑。

小鱼儿与花无缺是两个当红小生，各有 100 万粉丝。

小鱼儿的粉丝圈里，50 万粉丝有购买力，花无缺的粉丝圈里 30 万粉丝有购买力，假设平均每个粉丝的购买力为 1 美元，那么，小鱼儿粉丝的购买力为 50 万美元，花无缺粉丝的购买力是 30 万美元。

但是，小鱼儿的粉丝圈里信奉"不花钱无话语权"，那些未花钱的粉丝成了被排斥的对象，于是，在这种粉丝圈文化影响下，有 20 万粉丝脱粉了，甚至其中有些粉丝还成了黑粉。

而花无缺的粉丝圈并没有"不花钱无话语权"的价值观，于是，粉丝基本没有脱粉的，并且吸粉了 20 万。

所以，现在小鱼儿的粉丝圈有粉丝 80 万，购买力为 50 万美元，但同时多了一些黑粉；花无缺的粉丝圈有粉丝 120 万，购买力大于 30 万美元，因为新入坑的粉丝中，有些具有购买力。

虽然在粉丝购买力上，小鱼儿看似强于花无缺，但是，其粉丝数这一最重要的商业价值衡量指标明显落后于花无缺。所以，花无缺更受各种综艺资源、广告代言的青睐，其商业价值越来越超过小鱼儿了。

这就是流量为王时代，未花钱粉丝的最大价值之所在。

所以，粉丝圈排斥未花钱粉丝，甚至把她们逐出粉丝圈的行为，是多么愚蠢、幼稚与短视。

这是在将偶像的宝贵资源拱手送人。

追星路上，每个人都有自己喜欢的方式。

　　花不花钱是个人的自由，不花钱的粉丝有她的苦衷，我们无需过多指责。用花钱的多少，把粉丝分成三六九等，是一种幼稚的行为。

　　粉丝圈没有谁比谁更高贵，也没有谁比谁更卑微，不要用花钱多少，来衡量粉丝的爱，更不要站在道德的制高点，对其他粉丝进行说教。

　　本质上，花了钱就对人指指点点，与没花钱还喜欢指手画脚的粉丝一样，极其令人生厌。

　　粉丝应在自己的能力范围内，有钱出钱，有力出力，低调不惹事，积极为偶像打榜炒热度。

　　粉丝圈应抛弃对未花钱粉丝的偏见，并主动接纳她们。

　　因为，互联网时代，流量才是偶像最为宝贵的资产，这是粉丝圈粉丝必须明白的经济学逻辑。

劣币驱逐良币

粉丝电影是粉丝经济的衍生品。

何为粉丝电影？

顾名思义，粉丝电影是以粉丝为主要受众的电影。

此类电影一般制作较差，但票房较高，因为制片方会请一些流量小花小生来担任主演，尽管他们的演技尴尬。

当然，主演有无演技并不重要。

因为总会有粉丝愿意买单。

驱动粉丝走进电影院的，并非剧本有多精彩、制作有多精良，也不是演员演技有多高超，而仅仅是因为主演是她们偶像。甚至有许多粉丝反复进电影院刷票房，毕竟，刷得越多代表爱得越深。

一切似乎很合理。

粉丝愿意为偶像买单，便是票房保证；为了有票房保证，导演便会请一些当红明星担任主角；有了票房保证，投资商自然也愿意投资，这形成了一个很完美的因果链条。

但是，粉丝电影在本质上是一种劣币驱逐良币。

劣币驱逐良币是著名的经济学术语，其讲述了铸币时代的故事。

其中，良币是指符合法定重量或成色的铸币，而劣币则是指低于法定重量或成色的铸币。

当良币与劣币同时在市场上流通时，人们往往倾向于把足值的货币收藏起来，这样，市场上最后流通的都是劣币了。

通俗地理解，当我们手中有新钱与旧钱的时候，一般会选择把旧钱先花出去。如果我们每个人都这样选择时，市场上流通的便是旧钱了。

当然，纸币与铸币存在差异，因为对于纸币来说，新钱与旧钱的价值是一样的，而对于铸币而言，良币与劣币的成色是不一样的。

当资本尝到了粉丝电影的甜头时，他们便会继续按此套路来投资电影，其结果是，电影市场的排片便被粉丝电影所垄断了。

对于电影制作而言，电影艺术水平的提升，需要仰赖于编剧、导演、演员与制作等多个环节的努力，而非只有主演。

但是，在电影投资成本固定的前提下，如果明星主演的片酬过高，自然会导致其他环节的制作成本压缩。

粉丝电影通常会面临口碑与票房两极分化的困境。

当我们深入剖析粉丝电影时，就会发现两种不同的逻辑：粉丝对应着票房，是商业的逻辑；电影对应着口碑，是艺术的逻辑。

由于当红明星粉丝多，所以票房比较可观；由于粉丝电影离真正的电影艺术还很有差距，所以口碑差。

所以，粉丝电影在一片争议声与批评声中获得高票房，已经成了一种常态。

粉丝电影的流行，影响国产电影的成长，最后为其买单的，是整个国产电影产业与社会公众。

当然，也包括明星。粉丝电影本身就是一种过度消费明星的行为。

当毫不走心的表演仍然有粉丝买单时，明星便会觉得没有必要花精力去打磨演技了。

当无演技的明星抢走了资源，真正演技在的演员便没有了机会。

当资本都去追逐粉丝电影时，电影市场会被各种低劣品质的电影所充斥，编剧、制作等环节的发展也会因资金投入少而受到限制。

当我们被各种粗制滥造电影所包围时，便难以欣赏到高质量的电影了。此时，观众只有两种选择，一种是陪着粉丝看低劣电影，还不能吐槽，否则可能会被某些粉丝攻击；另一选择是国人对于国产电影失去信心而完全放弃。

其实注重明星在电影中的使用本无可厚非，一方面是吸引观众的需要，另一方面，新人也需要有演出机会、需要鼓励，否则会出现人才的断层。

但是，对于明星的作用应有合理的定位。

不应让一个毫无演技的明星，拿走大部分制作经费，而忽视电影制作等其他环节的重视。

小花小生需要表演经验的积累，所以，让其参演电影是有必要的，但是，仅仅由于他们是票房保证，而让其担任主演，这对于电影艺术的发展而言，完全是一种非理性行为。

但是，即使明星演技再差，路人也不敢轻易发表负面评价，否则容易遭受粉丝的强烈攻击。

她们会责问你，你知道我家偶像有多努力吗？他都这么努力了，你们还舍得抹黑他？

更为糟糕的是，当粉丝的包容心越来越强时，个别明星连基本的敬业都难以做到，甚至出现了懒得念台词而用阿拉伯数字代替的现象。

当然，粉丝并不觉得这些行为有何不妥，反而会认为，我家偶像好萌好可爱好有创意啊。

对电影质量的认识，自然是见仁见智。

毕竟，一千个读者眼中有一千个哈姆雷特。

毋须苛求每个人的审美是一致的，因为多元化本来就是一种美。

但是，对于电影质量与表演艺术的判断，存在基本的标准。很多明星在表演时，偶像包袱太重，表现得刻意、做作、不自然，分分钟能够让人出戏。

但是，剧组与明星团队仍然会发通稿来炒作演技，粉丝也会上演各种花式吹捧。

要是有路人对此表达异议，便似乎是一种政治不正确，必定会遭受粉丝攻击。

优胜劣汰是自然界的基本规则，也是社会运行的法则。

但劣币驱逐良币则是一种社会的逆淘汰，劣币的泛滥挤压了良币的生存空间，最后导致劣胜优汰。

达尔文主义失去了解释力吗？

非也。

或许我们可以在对于优与劣的理解上，找到这种矛盾的原因之所在。

优与劣，理解了适者与不适者更为准确，适者生存、不适者淘汰，才是亘古不变的道理。

生活、爱情、职场上皆如此。

粉丝电影是迎合并适应当下粉丝经济的，所以，粉丝电影能够充斥着银幕、赚得盆满钵满，逻辑就是如此简单而粗暴。

粉丝电影改变了传统电影行业的逻辑，刷新了我们对于电影艺术的认知，本质上，只有票房而没有艺术。

粉丝电影将何去何从？

显然，它会随着电影市场的成熟而被历史淘汰。

第三辑 娱乐江湖

芒果台，专注生产快乐

对于娱乐江湖而言，湖南卫视是一个绕不开的话题。

给芒果台贴上怎样的标签更为合适？

芒果台的品牌定位是快乐中国。

无论是《快乐大本营》这一经典的综艺节目，还是2005年《超级女声》这一划时代草根选秀，或者是《爸爸去哪儿》《真正男子汉》等真人秀，都可以看出，芒果台一直在引领着中国的娱乐潮流。

收视率是电视台的生命线，芒果台的收视率一直位居国内卫视前列。

前些年，芒果台占据地方台老大的地位，完全可以傲视全国各大卫视。

不过最近几年，芒果台的江湖地位不断受到浙江卫视、东方卫视与江苏卫视等兄弟台的强劲挑战。

在综艺版块，浙江卫视的《奔跑吧兄弟》《中国好声音》等节目，对芒果台的冲击很大。

从浙江卫视、东方卫视、江苏卫视这三大卫视近年来的迅速崛起看，文化产业的发展与经济发展水平有很大的相关度。

但是，芒果台所在湖南省地处中部，经济发展水平有限，而正是这样一个经济发展程度不够的中部省份，能够成长起来在全国如此有影响力的卫视，也算是个文化奇迹。

芒果台成长的土壤是湖湘文化，敢为天下先是湖湘文化极度推崇的，所以，文化湘军是有格局与远见的。

芒果台的发展，离不开湖南经视的积累。

湖南的文娱产业一直很发达，本土成长起来了湖南经视等品牌。正是湖南经视这一经典品牌，为芒果台输了大量血，像汪涵等优秀人才，均来自于湖南经视。

在全国各大卫视中，芒果台上星很早。上星之后，湖南经视的资源就向芒果台倾斜了。

芒果台高收视率与高差评率并存。

从收视率与广告收入来看，芒果台的商业化相当成功，而从口碑看来，芒果台颇受争议。

可以说，芒果台的公众形象是既成于娱乐也败于娱乐。

芒果台定位于快乐中国，而其节目设置也的确把快乐做到了极致，引进韩剧、播放琼瑶剧、组织选秀、策划真人秀等，不断引发收视狂潮。

芒果台的娱乐化路线，使其聚焦的主要受众群体是女生，尤其是小学、初中、高中年龄段的低龄群体，然后，再开发各种娱乐产品来深耕这一细分市场。

芒果台把娱乐进行到底，哈韩、媚俗、过度娱乐化等，都是芒果台常受诟病之处，江苏某高中甚至专门出台校规，禁止学生收看芒果台。

以娱乐立台、大俗大雅的芒果台，在生产雷剧的同时，也能够制作出诸如《大明王朝》这样格调非常高的电视剧，毕竟文化底蕴一直存在。

芒果台是那种既可阳春雪，又能下里巴人的电视台。

尽管芒果台占据地方台老大的地位，但是，卫视江湖从来不太平，芒果台也面临着各种内忧外患。

外有广电的限娱令，以及浙江卫视等兄弟台的夹击，内有人才流失、梯队断层等问题。如主持人队伍中，芒果台有台柱子汪涵与何炅，但是，后继人才成长相当乏力。

当然，特别值得一提的是，在移动互联网时代，芒果台倾力布局芒果TV，这是相当富有远见的一步棋，可能会成为其在今后相当长一段时间内，继续保持卫视江湖老大地位的法宝。

粉丝经济时代，芒果台成功的核心逻辑在于，谁能够把娱乐做到极致，谁就能够成功。

娱乐综艺之常与变

从各大电视台被综艺节目霸屏这一事实来看，你不难发现，我国的娱乐已全面进入综艺时代。

相对于欧美、日韩与港台地区而言，内地的综艺节目起步较晚。

但是，在观众基数大、互联网渗透率高、资本加持等多重因素作用下，综艺节目迅速火爆，并呈井喷之势，成为资本争相追逐的宠儿。

综艺节目有三大主流，其一是婚恋节目，如《非诚勿扰》《我们约会吧》《我们相爱吧》；其二是选秀类，如《超级女声》《快乐男生》《中国好声音》《我是歌手》《中国达人秀》；其三是真人秀，如《爸爸去哪儿》《奔跑吧兄弟》等。

同时，随着移动互联网的普及，网络综艺迅速崛起，《奇葩说》等标杆节目取得了相当不俗的成绩。

尽管热闹非凡，但各大综艺有着不同的命运。

婚恋节目在前几年成为各大电视台的力推栏目，但现在大部分电视台都放弃了类似节目。

《超级女声》曾是现象级选秀节目，并开启了中国的草根造星时代，但是，时至今日，当芒果台再次启动《超级女声》时，已经很难激起水花了。

《爸爸去哪儿》的火爆收视，引发了内地真人秀热潮，后来广电总局颁布了"限童令"，该节目曲线救国，改为芒果 TV 上播出，依然取得了不俗的成绩。

当然，大部分综艺节目都是属于那种激不起什么水花的类型，在短暂上映一季之后，由于收视惨淡而退出历史舞台。

各大电视台向来喜欢跟风，一旦某个电视台推出的综艺取得了收视率的成功，大量类似的节目便如雨后春笋般涌现，从而导致节目的同质化相当严重。

这一点在婚恋节目、选秀节目与真人秀上均得到了印证。

为何会同质化严重呢？

在制度主义看来，同质化分为强制性同形、规范性同形与模仿性同形。

通俗地理解，强制性同形是存在外在的强制力，要求各大电视台必须这样做。

规范性同形通常是在某些规则或规律的引导下发生。

当娱乐市场发展到一定程度的时候，公众对于某一类综艺节目存在明显的需求。于是，在市场力量的引导下，各大电视台不约而同地选择了开播类似综艺节目。

模仿性同形的逻辑很简单。

某一电视台的某一档综艺火了，其他电视台则迅速模仿跟进。从国内的娱乐江湖来看，芒果台是引导主力，浙江卫视、东方卫视与江苏卫视在尽力赶超，而除此之外的电视台则主要扮演跟风的角色。

综艺节目的跟风与互联网创业极为相似。

我国的互联网创业每一到两年，都会产生不同的创业风口，一旦某种商业模式成功之后，就会有大量的资本进来，驱动更多的创业企业诞生。

网约车火了之后，共享单车的创业理念出来了，最初是 ofo 小黄车与摩拜率先进入共享单车市场，随后有小蓝、小鸣、永安行等不同品牌的共享单车进入。

每一种车均采用不同的颜色，以致舆论调侃道，再不快点加入共享单车创业，颜色就不够用了。

在网约车与共享单车把分享经济的概念炒热之后，大量以共享为理念的业态涌现了，共享充电宝、共享衣服、共享雨伞、共享篮球等，似乎一切都能够共享。

跟风开办综艺节目，与跟风创业一样，理性因素与非理性因素并存。

之所以说有理性因素存在，是因为某一种商业模式培养起了基础用户，从而相应的市场得以培育壮大。

既然有庞大的市场，资本力量争相进入就是理所当然了。

就网约车而言，传统出租车市场造就了乘客的诸多出行痛点，网约车正是瞄准了这一痛点，切入到了管制性相当高的交通出行领域，并依靠大量烧钱补贴的形式来培养用户习惯。

之后，滴滴、快的、易到用车、神州租车、首汽约车等网约车企业争相布局。

之所以说是非理性，是因为很多节目的开设、很多企业创业项目的上马，存在盲目跟风的现象。

每一档节目、每一个创业企业，都要认识到自己的差异化优势所在，否则，肯定会成为被市场淘汰的那一部分。

尤其是在先进入企业已经快垄断市场的前提下，若缺少差异化战略，后进企业显然是难以存活的。

综艺节目也好，互联网创业也罢，非理性的虚假繁荣必然不会持续，当市场回归理性的时候，能够胜利的肯定是极少数，其他都是陪跑者。

如何进行差异化呢？

靠节目设置上进行创新显然无望。

国内的娱乐节目创新能力还很弱，主流是走版权引进路线，然后再在国外爆款节目的基础上，再进行一点本土化创新，现象级综艺《爸爸去哪儿》《奔跑吧兄弟》均沿袭此套路。

如果节目本身难以有所突破，那么，栏目组就把目光投向了明星上，希望通过选择不同的明星，来吸引不同明星的粉丝。

明星都是自带流量的。

所以，他们成了综艺节目的标配，无论是一线、二线，还是十八线明星，均参与进来，甚至林青霞等退隐多年的娱乐圈女神，也重出江湖。

现在的综艺节目进入了全面消费明星的时代。

为何明星会热衷于参加综艺节目？

综艺节目的一个最亮眼标签就是钱多速来。

对于很多真人秀而言，明星的薪酬甚至占了整个节目制作成本的百分之七八十，这些天价薪酬当然是对明星最直接的激励，而且，绝大多数明星在上了真人秀之后，身价随着名气暴涨。

真人秀等综艺具有超高的关注度，从而提高明星的国民度。

一些出道早的明星，通过综艺迎来了事业的第二春。

而一些明星演技有限，事业的发展遇到了瓶颈，于是，剑走偏锋，通过综艺让事业获得新的发展。

由于综艺能够让明星有机会展示与电影等作品中不同的一面，许多明星借此机会来打造新的人设，并进行圈粉，如参加亲子类节目的明星纷纷打造好爸爸人设、好男人人设。

在综艺节目极其火爆的今天，我们需要对其进行冷思考。

引进版权与依赖明星，是国内综艺的两大法宝。显然，从引进版权到自主创新，从靠明星来吸引观众到靠内容来圈粉，国内综艺还有相当长的路要走。

真人秀之虚与实

2013 年，芒果台的亲子真人秀《爸爸去哪儿》引发了收视狂潮。随后，国内各大卫视纷纷推出各种主题的真人秀节目，中国的娱乐正式步入真人秀时代。

真人秀的节目内容有两条主线，其一是人如何与自然相处，其二是人如何与人相处。在这一叙事过程中，各种惊险、刺激、冲突等元素得到充分展现。

国内的电视台习惯于跟风。

你家播《亮剑》，我家也播《亮剑》。你家打造了一档真人秀叫《爸爸去哪儿》，我家就播《爸爸回来了》，爸爸用完了，他家就讲妈妈的故事，叫《妈妈是超人》。

近年来，各大电视台的真人秀大有井喷之势。

粗略地统计，主要有亲子类真人秀，如《爸爸去哪儿》《爸爸回来了》；竞技类真人秀，如《奔跑吧兄弟》《极限挑战》；跳水类真人秀，如《中国星跳跃》《星跳水立方》；旅游类真人秀，如《花儿与少年》；情景体验类真人秀，如《真正男子汉》《变形计》；闯关类真人秀，如《智勇大冲关》《勇者大冲关》《冲关我最棒》《闯关上梁山》等。

真人秀在本质上是一场秀。

我们可以把真人秀三个字分开理解。

在真、人、秀这三个字中，人是最重要的，这也是各大节目最大的看点。

除了《变形计》等少数节目之外，真人秀均主打明星，靠明星来提高收视率。而《变形计》虽然出演人员均为草根，但是，其节目早已偏离其宣传的宗旨，变成了《变星计》。

真与秀两字看似矛盾却是统一的，也许这就是哲学上所谓的对立统一？

真人秀贵在真实，只有真实反映明星们的另一面，才能够更好地满足观众的好奇心。

但是，真人秀在本质上是一场秀，故事情节是按剧本来开展。

真人秀卖点的打造，就是围绕真、人、秀这三个字展开。

真人秀的最大看点，在于祛魅明星。明星头上一直戴有光环，观众与明星之间存在距离，距离感制造了一种神秘感。

于是，观众对于明星的隐私有一种窥探的欲望，这种需求催生了一个产业的出现，那便是狗仔事业。

真人秀中，观众不再需要通过狗仔来获得明星的隐私，而是明星主动地把自己舞台之外的另一面，呈现于观众面前。

明星在以前是神秘的，而现在则是透明的。

明星会有多重身份存在，《爸爸去哪儿》就是利用多种身份来开展剧情。

多重身份的呈现，可以让观众看到明星的另一面。同时，多重身份之间可能会产生冲突，如一个明星是一个好演员，但可能并不是一个带娃能力很强的爸爸，这种冲突也会激发观众的兴趣。

于观众而言，明星处于滤镜之中，很少以素颜示人。同时，明星对于身体、体重等数据，也通常予以保密，或者注水。于是，观众对于明星的素颜、身高、体重等有强烈的好奇心。

《真正男子汉》正是抓住了观众的这些痛点，在节目中设置卸妆、量身高、称体重等环节。

市场对此则予以积极回应，当期节目的收视率远高于其他几期，而《真正男子汉》素颜相关的话题多次占据新浪微博热门话题。

组情侣是真人秀的惯用手法，而且栏目组通常会很擅长于这一招。

节目结束后，两人并没有在一起，观众才开始大呼受骗。

其实，栏目组与明星都是很清醒的，栏目组的目标是为了追求收视率，而明星的任务，则是配合栏目组来追求收视率，只有观众傻傻地入戏太深。

真人秀，本质是秀，入戏太深就不能怪他人。

无掐架不综艺。

栏目组通常会刻意制造一些冲突，引起不同明星的粉丝之间开展掐架。

哪个明星耍大牌，谁冷落了谁、谁欺负了谁等，通常这些都是栏目组通过剪辑来人为制造的效果，然后，粉丝就轻易被套路了，一定要通过掐架来为自家偶像讨回公道。

真人秀后期的艺术加工是一个技术活，尤其是《爸爸去哪儿》的字幕组，制造了相当多的笑点与萌点，观众也会下意识地按照字幕的引导，去感受与思考剧中的情节。

真人秀的主流是消费明星，明星也热衷于上真人秀，但是，并非所有的明星都适合上真人秀。

真人秀给了明星展现另一面的机会，真正有幽默细胞的人很容易脱颖而出。平时高冷的人，可能会在节目中呈现接地气的一面，这种反差萌会让明星圈粉。

但是，有些明星的偶像包袱太重，综艺感不强，给人的感觉就是在作秀，而且情商太低的明星容易在节目暴露自己的不足。

真人秀大火之后，综艺电影横空出世，即栏目组把综艺拍成电影来圈钱。显然，这是对电影市场的破坏，使原本并不是太成熟与理性的电影市场，变得更为畸形。

也许再火一段时间之后，真人秀的热潮会过去，但是，综艺节目通过消费明星来提升收视率、来挣钱的基本逻辑不会变。

以爱情的名义

爱情是人类永恒的主题，自然是极受综艺节目欢迎的题材。

2010 年开始，各大电视台掀起了相亲节目热潮，《非诚勿扰》《我们约会吧》《爱情连连看》等众多相亲节目陆续上线。

本质上，相亲节目是消费爱情的娱乐综艺。

既然是综艺节目，其宗旨自然是追求收视率。

在注意力经济时代，提高收视率的最好办法，便是打造争议点。

嘉宾观点越奇葩越有看点，男女之间三观的冲突越激烈，越有话题度。所以，节目组通常会选择具有话题度、会演戏的男女嘉宾。

不可否认，的确存在希望借此平台来找对象的嘉宾，但是，大部分嘉宾都是配合栏目组一起炒作的群众演员。

节目虚虚实实，嘉宾真真假假，正如爱情一样，让人难以捉摸。

很多女嘉宾喜欢发嗲，表现欲强，说话不过脑子，而且有些是金钱的狂热崇拜者，《非诚勿扰》便因女嘉宾的一句"宁愿坐在宝马里哭，也不坐在自行车后座上笑"而彻底火了。

有些嘉宾喜欢在节目中给自己打广告，她们参加节目的初衷，就是借节目来攒人气，然后营销自己与自己的商品。

除了嘉宾各种奇葩的三观之间对决外，主持与点评嘉宾也是节目的重要看点。

《非诚勿扰》的孟非与黄菡老师便为节目添色不少。

主持人孟非的反应速度快，控场能力强，善于引导嘉宾之间开展对话，有时又能够恰到好处地抖机灵。

更难能可贵的是，他长期在台上受到各种奇葩三观的冲击，仍然能够保持清醒，这实属不易。

黄菡老师是知性优雅女性的典范，情商高，温柔、智慧，又不乏犀利。她有非常正的三观，并时常用春风化雨般的表达，向嘉宾与观众传递出自己的价值观，无处不体现出一个知识女性的品位与修养。

正因为有了黄菡老师的存在，《非诚勿扰》添色不少。

不过，点评嘉宾不时会有变动，不同的点评人，就会传递出不同的爱情观，进而会影响到整个节目的品位。

相亲节目有真有假，也许你不喜欢某些女嘉宾的三观，或者觉得男嘉宾极为奇葩，但是，这些节目呈现出来的相亲场景，却是客观存在的。

相亲节目在消费爱情的同时，也在输出着择偶观、爱情观，各种凤凰男、孔雀女、不婚主义、丁克等议题，竞相在节目中呈现。

各种年龄、职业、学历、成长背景的男男女女，相互掂量，讨价还价，成交或者不成交，被选择或者被拒绝，都已成为常态。

相亲节目的火爆，反映了现实社会对相亲的需求。

君不见，相亲角成了很多城市公园里的一道风景线。

相亲节目与相亲角的区别仅在于，相亲节目的场景是在演播厅，男女主角亲自上阵，而相亲角的场景是在现实生活中，通常是父母代替儿女参加。

但是，两者在本质上是一样的。

这些父母的价值观通常处于两个极端。

一个极端是认为自己的子女似乎一文不值，所以很着急，找媳妇时，要女的、活的就行，找女婿时，要男的、活的就行。

要是子女不答应，他们会训斥道，有人要你就不错了，你竟然还挑？是想气死你爸妈吗？

另一个极端，则是父母觉得自己的子女天底下最优秀，儿子玉树临风，女儿美若天仙。

所以，他们特别挑剔，觉得任何男人或者女人都配不上自己的孩子，要求对方至少要有房有车，颜值高、学历高、情商高，懂浪漫，听老婆话，工资要全额交给老婆等。

显然，这两种情况都是未能够对自己的子女有客观、理性的认知。

在这样的认知指导下，子女怎能遇到合适的人？以后的婚姻怎能幸福？

大量单身群体的存在，繁荣了相亲市场。

造成单身的因素众多，颜值不高、性格差、工作太忙、圈子小，或者眼光远高于自身的实力等，这些因素占据越多就越不容易脱单。

虽然单身的男人或者女人都非常多，但是，总体来看，其成因有根本差别。

对于绝大多数女人而言，不是嫁不嫁得出去的问题，而是能否嫁得更好、更满意的问题。

但是，男同胞的境况而窘迫得多。

从我国的人口普查数据来看，男女比例严重失衡。这注定会有大量男性可能会光棍一辈子，农村里大量光棍村的存在，很好地证明了这一结论。

所以，骗婚等黑色产业链发展起来。

相亲，似乎是一场功利性很强的游戏。

双方亮出各自的筹码，进行精准匹配、讨价还价。

相亲市场上，各种硬指标与软指标似乎都可以量化，然后再进行反复权衡比对。总体来看，女人最大的筹码是颜值，男人最大的筹码是经济能力。

随着相亲市场的成熟，各种鄙视链衍生出来，并逐渐定型。

房产是相亲市场的硬通货，这一点是普遍共识。女生会认为有房才有家的感觉，在这样的大城市，我们以后总不能靠租房漂泊度日吧？所以，没房的男士在相亲市场通常属于被嫌弃的一类。

颜值是男女双方都在意的一项，相亲市场上很多钉子户都是外貌协会。颜值即正义，玉树临风的人备受欢迎，而颜值低的人，对方可能没有更进一步了解的冲动。

在北京相亲，户口是关键，因为户口才能够让北漂的人有归属感，尤其是在北京严控人口的大背景下，户口的价值更得以体现。

当然，很多时候，没有北京户口绝对是减分项，但有北京户口并不一定是加分项，因为户口只是起码的入门条件而已。

职业是相亲时重点考察的一点，体制内与体制外职业显然是不同的。更重要的是，职业代表了赚钱能力，所以，金融等高富帅行业的人备受青睐。

相对于房子而言，学历似乎远没有那么重要，甚至对于女博士而言，学历反而成了不利于相亲的标签。舆论喜欢妖魔化女博士，把她们当成所谓的第三类人，这是社会对女博士的偏见。

不否认博士中的确有个别奇葩存在，但是，其他人群中也同样会有奇葩存在，而且比例可能远高于博士群体。

我的众多女博士朋友中，绝大多数都是相当优秀的，她们知性、优雅、独立、温婉、高智商、高情商，有思想、有品位，是女友与老婆的不二人选啊！

其实存在偏见也好，极易被无脑媒体所引导的男士，本不在女博士的选择范围之内。

有时觉得，物质化的相亲市场并不可怕，而是有些可爱，因为一切都可以量化的时候，感情这一复杂的事情反而变得简单。

相亲的男女双方都在权衡着。

相亲的男女双方在各种利益计算与利弊权衡之后，一般只会有四种结果：你看上人家但人家没有看上你、人家看上你了但你没有看上人家、相互看不上、相互看对眼。

其实对方看得上你，或者看不上你，都是正常的。

每个人都有自己的择偶观与爱情观，应尊重别人的选择，不能因为对方看不上你，就认为对方是奇葩与极品，并进而对其进行诋毁。

生活本已够苦了，何必相互伤害。

少女情怀总是诗。

女生年少时，对爱情抱有相当多的期待。

很多人都会觉得自己这一辈子绝对与相亲无缘，但是，随着年龄的增长，她们不得不选择向现实低头、向生活妥协。

有些人对相亲已经麻木了，对爱情的美好期待也消失了，但抵不过家人的苦劝。于是，她们选择把相亲当成日常任务来应会，或许这也是一种尽孝吧。

有些人还在坚守着，坚信可以遇到对的那个人。

人的一生，充满着不确定性，谁知道自己的生命轨迹，将会与谁有着怎样的交集呢？

对于爱情而言，人生的出场顺序很关键，在对的时间遇到错的人，或者在错的时间遇到对的人，都是一种遗憾，君生我未生、我生君已老有着无尽的悲凉感。

不管你的感情经历是白纸一张，抑或在情场摸爬滚打多年，请一定对爱情充满期待。

也许你的缘分就在下一个转角处，如约而至。

第四辑　祛魅明星

在明星与演员之间

　　娱乐圈中存在着怪异现象，有些明星没有任何代表作，既不能称为歌手，也不能称为演员，却成功跻身国内娱乐圈一二线。

　　是不是觉得很疑惑？

　　如果弄清楚了演员与明星的区别，这一现象就很好理解了。

　　演员这一称呼，如同教师、医生、司机等名词一样，代表一种职业。对于任何职业而言，最有价值的评价维度是专业水准。

　　所以，真正的演员会视演技如生命，会专注于演戏本身，愿意花大量时间来认真打磨演技。

　　而明星则不同，其并不是一种职业，而是粉丝经济兴起之后，人们对于娱乐圈活跃人群的一种称呼，他们通常是万能的，喜欢影视歌跨界多栖。

　　对于明星而言，最有价值的评价维度，是粉丝的多少与购买力的大小。

　　演员则靠作品来说话，通过演技来折服观众，所以，他们通常会踏踏实实演戏。而对于明星而言，演技并非最重要的，只有关注度才是一切。所以，明星穷尽一切手段来追求关注度。

　　毫不夸张地说，明星的主业是炒作，副业才是演戏与唱歌等。

　　曝光率是明星的生命。

　　团队会组织买热搜、发通稿、蹭红毯，来获取关注度。不过，只有恋情炒作才是明星的挚爱。

粉丝对于恋情八卦有一种天生的热爱，于是，明星利用了这一特点来进行炒作。他们通常主动爆料给狗仔，然后狗仔会故意进行所谓的偷拍，再爆料给路人，此为第一轮炒作。

然后，两人再主动承认恋情，或者否认恋情，此为第二轮炒作。如果两人真在一起了，接下来会有各种所谓的撒狗粮炒作，不出意外的话，一系列撒狗粮炒作之后，两人会分手。而分手也会成为炒作的话题。

炒作恋情的优势在于，不管是恋爱，还是分手，都极具话题性，而且可以不断恋爱、不断分手，如此循环往复，无穷匮也。

尽管明星通常喜欢自我标榜为演员，但是，他们的演技万年不变，也没有任何代表作。各种影视作品中，演员让观众记住的是角色，而明星让观众记住的是明星本人。

当然，有无演技并不重要，前已提及，明星是靠关注度生存的。粉丝经济时代，圈粉的利器是颜值而非演技，对于想出道的小花小生，这既是一种利好，也是一种不利。

之所以说是利好，是因为在有较高颜值的前提下，团队再给他们打造一个人设，进行各种形象包装，便可以大量圈粉，甚至一夜蹿红。

之所以说是不利，是因为对于娱乐圈而言，颜值是最不稀缺的资源，大量高颜值的小年轻们挤破头往里面钻，光靠颜值难以持续走红。

同时，只靠颜值所吸引的粉丝粘性相对较低，因为随着年龄的增长，明星的颜值逐渐贬值，粉丝群体的审美逐渐成熟，从而，越来越多的粉丝会脱粉。

演员与明星，遵循两种不同的逻辑。

演员是一种职业，追求专业性、艺术性；明星是一种称呼，追求娱乐性、商业性。

粉丝经济在本质上是一种注意力经济，谁能够最大程度上获得他人的关注，就更具商业价值。显然，获取关注度是明星最大的优势所在，所以，粉丝经济时代，明星的商业价值远高于演员。

明星在受到粉丝与资本极力追捧的同时，却不断遭受舆论的批判。

为何？

　　因为他们缺乏应有的演技、实力与品质，来匹配他们的名气与娱乐圈地位。

　　甚至有部分小花小生由于成名太快，没有足够的阅历、修养与控制力，来享受这些金钱与荣誉，于是，他们容易浮躁，最后走上吸毒等违法之路。

　　才不配位、德不配位，才最容易招黑。

　　明星们都有很强的危机感，因为小花小生迭代迅速，自己很可能一不留神便被后浪拍死在沙滩上了。

　　可惜的是，他们并没有把这种危机感转化为打磨演技、提升专业水准的动力，而是专注于将人气瞬间变现的策略。

　　有些小花小生一旦成名之后，不是思考如何提高演技，而是整天把时间花在各种广告、商演或者综艺上，然后拍一堆烂电影，或者演一些霸道总裁爱上我之类的剧本，趁着热度赶紧圈钱，否则，等人气过了，便难以圈钱了。

　　所以，有些小花小生的演技十年如一日，没有任何进步。

　　所以，观众对于明星的演技，不应该抱有过多的期待。

　　明星多而演员少，与当前的娱乐生态直接相关。

　　粉丝经济时代的娱乐圈，仿佛贴了一个标签，名曰"人傻钱多速来"。粉丝过于宽容，使得明星们意识到自身根本没有打磨演技的必要，于是，娱乐圈里越来越多的人没有了匠人之心。

　　艺人多了，艺术家少了，德艺双馨的艺术家变得像熊猫一样稀缺。

　　当前过于宽容、过于浮躁的娱乐生态，显然难以培养出真正的艺术家。

　　宽容的娱乐生态，只会成长起一大批喜欢炒作而无演技的明星，反过来，这一批明星会进而使娱乐生态变得更为糟糕。

　　因为，这些明星虽然没有演技，但是，其背后大量的粉丝就是票房保证，所以，会有大量的剧本等资源会找到他们。

　　毕竟，对于很多投资方与导演而言，艺术梦想或者专业情怀需要靠后站，票房才是第一位。

　　毕竟，没有人会与钱过不去。

　　最终导致的结果是，虽然明星的演技与演员有云泥之别，但是，没有演技的明星长期活跃在银幕，而真正有演技的演员，却只能够充当配角，或者根本没有剧本可演。

这就是一种典型的劣币驱逐良币。

粉丝当然也是受害者。

因为她们难以欣赏到有品位的艺术作品，而是整天沉浸在各种粗制滥造中无法自拔，最终成为没有艺术品位的人。

明星们应该明白的道理是，颜值高固然可以大量圈粉，但是，火起来需要契机，而火下去则依赖实力。没有演技，缺乏代表作，迟早要掉队，然后被娱乐圈无情淘汰。

有些明星是有演技的，具有很好的基础与潜力，但是，一旦走红之后，就不走心了，整天热衷于圈钱。只有摒弃浮躁之心，才能够真正成为艺术家，而非简单的艺人。

当然，把明星与演员这两类群体分开讨论，只是为了让粉丝更清楚认识到两大群体的异质性所在，并不是说所有的明星都没有演技，这两大群体本身存在交叉与重合，有些人既是明星又是演员。

现在娱乐圈里的流量小花小生们中，有一少部分人的演技可圈可点，未来可期。

演员的自我修养

演技一直是极易引起争议的话题。

为何?

因为很多小花小生的演技并不在线,但喜欢标榜自己为老戏骨,粉丝也喜欢吹捧偶像演技炸裂。对此,路人显然就不高兴了。

于是,一场场掐架便围绕演技有无而频繁展开。

当今娱乐圈相当稀缺的演技,究竟为何物呢?

简单地理解,演技就是演员演绎与诠释剧本角色的能力。

粉丝通常喜欢夸自家偶像是老戏骨、演技炸裂碾压众生,而路人会觉得粉丝是在闭眼吹,因为在电影中完全看不到该明星有任何演技,生硬的台词、僵硬的表情、浮夸的动作,分分钟让人出戏。

这种观点上的差异,使得演技之争成为粉丝圈粉丝与路人之间的新常态。

演技是一个很主观的东西,对于演技高低的感受与评判,与每个人的感知有关。但同时,在某种程度上,演技又是一个很客观的东西,有一些成熟的评价维度。

是否能够演什么像什么,是公众简单粗暴地评判一个演员是否有演技的方法。

演技高的人,能够让受众入戏,如果绝大部分观众在看戏时,反复在戏里与戏外之间游离,那么,该演员的演技可能并不高超。

《还珠格格》热播时，许多观众就沉浸在李明启老师所打造的容嬷嬷一角中无法自拔，最后导致的结果是，她去菜市场买菜时，会有观众对她扔鸡蛋，以发泄心中的不满。

一部《不要和陌生人说话》，让冯远征老师成为家暴男人的代言人，也成为无数女人的噩梦。

这就是演技，演员将剧本角色完美地呈现出来。

真正的演员，我们可能叫不出他们名字，却对他们所扮演的角色能够脱口而出。如扮演康熙皇帝的陈道明老师、扮演和珅的王刚老师、扮演李云龙的李幼斌老师、扮演美猴王的六小龄童老师等。

当然，通过综合感受来评判演技，是草根的认知。

演员作为一种职业，自然会有一套成熟的评价体系，学院派正是通过这些标准来选拔学生。

科班出生的演员，在学校时会接受朗诵、形体与表演等多方面的训练，这些都是为了使他们今后在影视作品中，能够更好地演绎角色。

台词是演员的基本功底，也是展现功底之处。可惜，现在一些小花小生的台词功底实在不忍直视，他们似乎不再屑于在这些基本功上浪费时间。

相对于电影与电视剧等影视作品而言，舞台剧才能够最真实反映一个人的演技。

因为电影或电视剧可以反复重来，并且在后期进行大量的技术处理。而舞台剧则截然不同，其不存在后期处理，必须如行云流水般，一气呵成地演绎完。

通常而言，角色有三层含义，其一是剧本中的角色，其二是演员所呈现的角色，其三是观众在看作品时所感受到的角色。这三者的一致性越高，说明演员的演技越高超。

有些演员在出演时，会对剧本中的角色加入自己的理解，从而使得演员所呈现的角色，与剧本中的角色存在偏差。

这种情况是好是坏，不能够武断评判，具体要看该演员的驾驭能力。对于绝大部分演员而言，这样做会弄巧成拙，但是，对于演技高超的演员而言，这样做会锦上添花。

斯坦尼斯拉夫斯基在著名的《演员的自我修养》一书中，对演员有独到的理解。

在他看来，演员的使命是表现出"人的精神生活"，"只需要轻轻地推动一下，为角色所准备的那些情感就会如同泉涌一样倾泻出来。"

他特别提醒，"要在自己身上培养出演员的好朋友——清醒的、稳重的、睿智的、善解人意的批评者。这样的批评者不会使行为变得索然无味，而是能让行为充满生机，它可以帮助我们真实地，而不是在形式上刻画行为。"

"如果演员对自己所分到的角色重要性不满，那就要让他们记住，没有小角色，只有小演员。"

斯坦尼斯拉夫斯基的这些论述相当经典，该书中还有很多极具启发性的观点，值得演员们多多拜读。

本质上，演员的艺术使命是发现美、理解美与诠释美。

表演的过程，是一个创作的过程，需要演员在熟读剧本的前提下，好好揣摩角色的身份定位、心理活动等，然后再用眼神、动作、语言等综合形式表演出来。

富有演技的演员，眼睛里富有故事，还未言语，一个眼神可能就演绎了一部宫斗剧。

演员的神情需要富有感染力，演绎得行云流水、不漏痕迹，而非刻意夸张地去表达一种情绪，那样就容易用力过猛，浮夸得让人出戏。

真正的演员，是没有精力轧戏的，因为他们入戏、出戏，均需要一段时间。只有演员自己真正与角色融为一体了，才会让观众更快入戏。

如果观众看完电影之后，能够议论除演员颜值之外的东西，甚至主动去搜索该演员的其他作品，那么，对于该演员而言，这是一种成功。

可惜，很多小花小生很难做到这一点。

在粉丝经济的逻辑之下，票房、收视率高并不代表演员有演技，因为很多流量明星是靠颜值吃饭的，他们卖卖萌、耍耍酷，就有粉丝买单。

演艺水平主要有三大段位，第一段位是演什么不像什么，第二段位是演什么都像自己，第三段位是演什么像什么。

目前，大部分小花小生都处于第一段位。

当然，如果跟风批评小花小生也是不理性的。

有些小花小生虽然演技较拙劣，但是，他们并没有卖敬业人设，没有发老戏骨通稿，而是在低调努力地打磨演技，而且从不同时期的作品中，也能够看到他们演技的进步。

况且，艺术源于生活，小花小生缺乏足够的生活历练，所以，表演上差一些火候也是可以理解的。随着年龄的增长与人生阅历的丰富，肯努力、愿付出的小花小生将有更为精湛的演技，从而为我们呈现更具品质的影视作品。

我无意跟风黑小花小生，只是对一些明星与粉丝的闭眼吹无力吐槽。

希望小花小生能够踏踏实实打磨演技，不要再发老戏骨的通稿了，也希望小花小生的粉丝不再给偶像贴上老戏骨的标签，让一个毫无演技的明星与老戏骨联系在一起，仿佛高级黑一般。

人设的赋魅与崩塌

　　舞台上的明星，在粉丝眼中是耀眼的、完美的，而这种耀眼的完美，只是建构的结果。

　　古往今来，人都需要崇拜对象。

　　在古代社会，由于科学技术发展落后，人类对于自然世界的认知能力有限，于是便对大自然有着一种敬畏心理，各种图腾与神灵也被制造出来。皇帝们为了让老百姓臣服于自己，自命为天子，代表天来统治天下。

　　显然，娱乐产业也领会到了这种造神的真谛，于是打造出一个美好的事物，来满足粉丝们的一切美好想象。

　　于是，颜值高、人品好、双商高、性格暖的明星便被建构出来了，而明星的身体只是被赋予众多光环的载体。

　　建构明星的过程，也是一个赋魅的过程，有经纪公司对于明星的赋魅，也有粉丝们主观对于明星的赋魅。

　　对于明星的建构而言，人设至关重要。

　　人设，即人物设定，该词最早产生于动漫产业，是指人物设计师对于动漫角色在外表、服装、剧情等方面的设计，后来该词扩展到娱乐圈，指根据剧情的需要所塑造出来的人物形象。

　　人设在本质上是对于形象的包装与管理。

　　经纪公司会根据明星本身的人物特点、受众市场等，来设计明星的外貌、造型、才艺、台风与性格等，并且贴上不同的标签。

人设有利于明星的标签化，从而提高自我的辨识度与知名度。

当然，人设可能会变化。

因为人设可能会限制明星的戏路，要想拓宽戏路，明星会选择人设的转型与多样化。

对于人设，学术界其实早已有研究，只不过不是采用人设一词而已。

美国著名社会学家戈夫曼在其代表作《日常生活的自我呈现》中所提出的拟剧理论，便是对于人设的理论阐述。

拟剧理论是从舞台表演的艺术原理引申而来，该理论认为，社会就是一个大舞台，人生处处都在表演。该理论的核心关注点是，人为何要表演？人是如何表演的？

要想回答这两个问题，我们需要了解戈夫曼理论中情景定义与台前幕后。

社会中的人都具有表演型人格，而这种人格是由情景来定义的，情景中具有相应的规范与准则。

在社会中，我们每个人都需要遵守法律与道德，否则有可能受到相应的惩罚。同理，在某种情景下，人们会按照既定的规范与逻辑来行事。如果有人违反这一逻辑，表演便难以成功地进行下去，或者表演效果大打折扣。

当女生花一个小时化完妆，再问男友这个装扮如何时，男友即使觉得这个妆再难看，一般也会选择夸奖，因为他知道，女生之所以问，并不是真想问你好看与否，而是想得到肯定的答复，即你的妆很美。

当然，也有不遵循既定规范的行为存在，童话故事《皇帝的新装》里的小孩，便是一个不按常理出牌的人。

社会是个大舞台，人人皆为表演者。

在特定的场景下，每个人都是像演员一样，在舞台上按照一定的规范表演给观众看。每个人都想把自己打造成符合观众所期待的角色，如女生一般都习惯于在父母面前表现出一个乖乖女形象，也许她在外面整天逃课、抽烟、喝酒、泡吧。

这种人设的打造，在戈夫曼看来就是一个印象管理的过程。

戈夫曼认为，印象管理通常的策略有掩饰性表演、神秘化表演与补救式表演。

掩饰性表演是明星把自己最真实的一面，尤其是与人设不一致的一面掩盖起来。

神秘化表演是与互动的对象保持一定的距离，让粉丝难以获取自己最真实的一面。

补救式表演是指明星在人设被破坏甚至崩盘的情况下，做一些补救的行为，如吸毒被抓便上电视进行各种痛哭流涕式忏悔，出轨被抓便写道歉信、开发布会。

人设再好，也是有可能会崩盘的。

如果人物的真实性格与人设反差太大，人设就会像泡沫一样，容易吸引光环，也容易碎。当太大反差存在时，明星或许在舞台上时还能够坚持演下去，但是在台下，便有可能露出破绽。

不知在人设崩塌的一刻，明星有没有如释重负的感觉？正如《追风筝的人》里所描述那般，"我很高兴终于有人识破我的真面目，我装得太累了。"

有些女明星喜欢主打傻白甜、无心机、不识人间烟火的人设。其实，在娱乐圈丛林社会里，如此人畜无害的傻白甜早已被娱乐圈淘汰多少遍了。

正因为人设的存在，追星在本质上是一个想象力游戏。

人设既是经纪公司按照粉丝的期待来打造的，同时也是粉丝们臆测脑补的。

粉丝们所看到的，只是明星想让你们看到的。台上台下、真真假假、虚虚实实，粉丝们便迷恋上了这种幻觉。

当明星的人设由于某些原因崩盘时，有些粉丝会因伤心而脱粉，而有的粉丝会自欺欺人并帮偶像强行辩解。据观察，后一种情况居多，粉丝会辩论道，这是偶像的一种反差萌。

如果有路人对明星的一些黑点进行议论，部分粉丝便会认定路人是在黑自家偶像，于是，分分钟切换到脑残粉模式来极力维护。

"较之贫瘠的真实，我更爱华丽的虚伪。"

这是村上春树在《且听风吟》中的论述，想必是很多粉丝的真实写照。

人生如戏，戏如人生啊！

缺席的敬业

明星是靠人设来维持演艺生涯的，不知从何时起，娱乐圈流行起卖敬业人设，粉丝也一言不合就质问路人，你知道他有多努力吗？

明星之所以喜欢打造敬业人设，在侧面证实了，敬业在当今的娱乐圈是稀缺的，同时，该明星可能没有其他更值得宣传的亮点了。

的确，现在走红不走心的明星太多，习惯于迟到耍大牌，轧戏严重，大规模使用替身，大量棚拍取景，甚至最基本的台词也不需要念了，在演戏时嘴里念着1234567，成了名副其实的数字小姐。

如果是认真地琢磨剧本、念好台词，那这种敬业还可以接受。可惜的是，粉丝们评判敬业的标准十分诡异，她们喜欢把敬业简单地理解成手破个皮、磕个膝盖。

所以，新浪微博上有很多毫无演技的明星，时不时发个受伤的照片出来，证明自己有多努力。

然后，粉丝便评论快要心疼死了，觉得自家宝宝是世界上最敬业的人。

有些明星要是吊亚威亲自上阵了，团队通常要发几个月通稿，并配上宣传语，连吊亚威都亲自来，这样敬业的明星不多了。粉丝也会大加赞扬，恨不得给自家偶像颁发五一劳模勋章。

许多明星深知自己的演艺生涯短，所以，在短时间内尽可能多地抢占各种资源。

于是，轧戏相当严重。

有些明星同时进驻多个剧组，而且在拍戏的同时，还花大量的时间去拍广告、走红毯等。不过，这些明星丝毫不觉得这些行为有何不妥。

演戏需要仔细琢磨剧本，揣摩角色，才能够入戏。只有入戏越深，才能演得越真。所以，对于一个明星而言，某一时间段内，能够把一部戏演好都实属不易，更不必说同时出演两部甚至更多戏了，除非他是老戏骨或者天生的戏精。

如此敬业，何愁演不出好作品？

明星轧戏时，需要奔波于多个剧场，于是，分身乏术的他们，通常只是在某个近景镜头中露一下脸，然后大规模使用替身来完成其他戏份，拍完后再用特效来换脸。

武替较为常见。

武术是一个技术性与专业性很高的行业，而大部分明星都没有接受过专业的武术训练，所以，剧组通常会启用武替来完成高空翻越、打斗等剧情。

影视剧中会有爆炸、跳楼等危险镜头，如果让明星去演，容易弄得伤痕累累，而替身有过充分的训练，能够最大程度上规避这些可能的风险。

用替身本不是错，替身本亦是娱乐圈的一种正当职业，不过，替身可以用，但不能够滥用。

许多明星都已经习惯于依赖替身，任何一点点吃苦的戏，也通常会让替身来完成。

说台词、吊亚威亲自上阵，本是一个明星的本职工作，现在却成了肆意表扬之处。

唱歌对口型、拍戏不走心、念台词时嚼口香糖等，这些行为都是对于职业的不尊重，也是对于观众的极大不尊重，甚至可以说是在戏弄观众。

在有大批粉丝狂热追捧的前提下，明星们随便耍耍酷、露露脸，就有粉丝买单。他们拿着天价片酬，享受着鲜花与掌声，却总拍出劣质电影，努力地攀登尴尬演技排行榜。

但是，粉丝却沉迷其中。

　　许多粉丝意识不到问题之所在，她们成了明星不敬业的帮凶。路人要是不认同她们对于偶像的赞美，或者对她们的偶像提出异议，她们就会质问你，你知道我家宝宝有多努力吗？你行你上啊！

　　何其悲哀！

资源截和战

只要资源稀缺，竞争就永远会存在。

这是经济学规律。

近年来，娱乐圈的资源之争似乎愈演愈烈。

从各种商业代言，到综艺节目，再到电影、电视资源，都是明星们竭力争夺的对象。所以，娱乐圈不时会爆出各种抢角色、抢代言、截和、咖位战等相关新闻。

娱乐圈资源竞争的激烈程度，绝不亚于宫斗剧。

每次明星之间的资源之争，都会引起路人的高度关注。

娱乐圈的事情，本是错综复杂。

选角时，可能制片人考虑的是能够带来票房与收视率保证的明星，导演的关注点，则是能够与角色相契合的明星，而最后能否确定某明星，还与明星团队的公关、明星的档期等诸多变量有关。

选角背后的故事，我们可能无从知晓。

但是，通常而言，截和新闻的真相有两种，一种是假截和真碰瓷，还一种是真截和。

有些明星喜欢搭顺风车来蹭热度。

当剧组正式发布了演员表等通稿时，网络上便会莫名其妙地出现某演员角色被抢走的新闻。

路人缺乏了解真实情况的权威途径，能够获取的真实信息有限。

传播学的理论逻辑是，信息不对称会赋予谣言野蛮生长的巨大空间。

此时，营销号成了极为重要的甚至是唯一的信息来源。

显然，带节奏是营销号的特长。

而路人在无风不起浪等心理的影响下，便被营销号带偏了。

此时，某些演员选择一边买营销号给其他演员泼脏水，一边装可怜与无辜。

在假截和真碰瓷的事情中，路人往往会误伤其他明星。

此类碰瓷是一种成本小但收益大的行为，因为围绕选角的争议，往往会伴随电影的开拍、上映等持续存在与发酵。

当然，真截和也时常存在。

真截和就是有实锤能够证明，某个明星截和了其他明星的资源。

剧组与导演已经发通稿确定了主演，但是，等到剧组真正开机时，主演却变了。

这种主演意外出局的戏码很常见，只有合作意愿并不靠谱，需要白纸黑字签了合同之后，才会对各方形成约束力。

其实也存在签订合同后再换演员的情况，不过比较罕见，毕竟这样做可能需要负法律责任。

好角色显然是稀缺资源，所以，各明星争抢激烈。

娱乐圈是个充满一夜成名故事的地方。

很多明星都是靠一部剧而走红，如果错过了此次机会，很有可能此生都难以成名，更遑论成为大红大紫的一线明星。

娱乐圈本为名利场。

一些明星在机不可失、时不再来的心理驱使下，会用尽一切手段来争抢资源。咖位接近的明星之间，竞争更为激烈。如果咖位相差甚远，则难以形成竞争。

截和的传言易引发粉丝之间的掐架，并屡上微博热搜。

事实上，截和极易败坏路人缘。

在正义感的驱动下，舆论会明显偏向于被截和的一方。如果截和的吃相太难看，还会被路人冠以"截和女王"等称号，且难以洗白。

整天专注于抢代言、抢综艺、抢主角的明星，太具攻击性，在圈子里是不讨喜的。

与其挖空心思截和他人资源，毋宁把精力集中于打磨演技，凭借自身光芒吸引导演眼光。

演而优则导，不优亦导

现在跨界执导成为一种时尚，演员跨界做导演，主持人跨界做导演，作家也开始跨界做导演。

跨界的导演通常专注于贩卖青春与快乐，尤其是赵薇执导的《致我们终将逝去的青春》，掀起了校园青春爱情电影的热潮，之后大量跟风作品开始出现。

此类题材具有成本低、风险小、回报高等特点，颇受跨界导演的欢迎。

有些跨界导演斩获了不俗的票房与较好的口碑，如徐铮在《人在囧途》成为票房黑马之后，接连执导了《泰囧》《港囧》等系列电影。邓超的《分手大师》、王宝强的《大闹天竺》、苏有朋的《嫌疑人 X 的献身》等影片，也都取得了不错的票房成绩。值得一提的是，吴京所导演的《战狼2》斩获近60亿票房，成为现象级作品。

为何会有如此多的明星热衷于跨界做导演？

不想当导演的演员不是好演员。

在片场上，导演掌握了绝对话语权。所以，对演员而言，导演意味着权威。在很多演员心中，都存在一个执念，就是体验一下当导演的感觉。

演员实际上是一个比较被动的角色，因为他们需要按照剧本的要求与导演的意图去演，自主发挥的空间被严格框定了。但是，导演则不同，他能够很好地将自己的创作想法，贯彻到影片中。

对导演而言，资源的整合能力相当关键，显然，在这一方面，明星具有很大的优势。

在娱乐圈的摸爬滚打中，明星已经积累了一定的人脉，能够找到好的剧本、优秀的监制与自带流量的演员，这些都意味着票房。

在小花小生迅速迭代的时代，明星的生命周期很短，如果没有持续的作品输出，可能过两年就过气了。

所以，在人气旺的时候，明星通常会急于把人气进行变现。变现的方式有代言、出书等，而执导电影方式之一。

电影市场的商业逻辑很明确，就是以票房论成败。

很多半路出家的明星所导演的电影，能够取得不俗的票房，甚至超过了很多科班身导演的作品。这是不是意味着导演的门槛很低呢？

我们可以从电影的商业性与艺术性来思考。

跨界执导有一个宏观的背景，那就是现在国内娱乐圈正处于粉丝经济时代。这些明星很清楚粉丝经济的门道，他们通常会请一些流量小花小生担任主演，而这些小花小生就意味着票房。

从票房上看，很多跨界的导演取得了成功，但是，这是商业性维度，而非艺术的维度。

常常存在的一个矛盾就是，这些电影票房成绩不俗，但是，豆瓣上的评分却很低。

粉丝经济时代的来临，可能意味着烂片的春天也到来了。

市场经济下，供给对需求的感知极为灵敏，有怎样的市场需求，就会有怎样的供给。

绝大部分粉丝并不关心明星的演技如何，只要有自己的偶像参演，就会果断贡献票房。这种畸形的电影市场上，很多科班出身的导演难以拼过半路出家的导演，因为两者拍电影所尊重的逻辑不同，一个是艺术逻辑，而另一个是商业逻辑。

如果粉丝的艺术审美更成熟一点，对偶像的要求更高一点，是不可能有如此多粗制滥造的电影，大肆占据银幕来圈钱。

术业有专攻。

导演这一职业的入门不需要资格证书，所以，没有明显的准入门槛。但事实上，导演的专业门槛很高。很多半路出家导演的作品，虽然在票房上碾压了科班导演的作品，但是，从艺术性来看，实则是被后者完爆的。

当然，一个不得不承认的事实是，现在很多科班导演的专业水准，还比不上半路出家的导演。

所以，导演自己不努力的话，就不能责怪明星来抢饭碗。

并非反对明星跨界执导，只是希望明星对于电影这门艺术与导演这一职业，能够有更多的敬畏，除了票房之外，心里再多一点艺术关怀。

第五辑　自我放飞

娱乐圈纪委

娱乐生态圈的净化需要纪委。

显然，风行工作室便充当了这样的角色。尽管风行工作室与卓伟的新浪微博账号在 2017 年 6 月被封掉了，但娱乐狗仔事业不会就此消失。

风行工作室成立于 2006 年 11 月，其核心成员是卓伟。卓伟在微博上自称"中国第一狗仔"，这或许有着几分自我调侃的意味，但其所从事的工作的确如此。

卓伟有在《新京报》《南都娱乐周刊》等媒体工作的经历，对于娱乐八卦有天生的敏感性与捕捉力。

风行工作室成立之后，卓伟的事业也从个人的单打独斗，发展到了团队化运作。

该团队擅长跟踪、偷拍，许多重磅的娱乐八卦均由他们爆出。正是这些重量级八卦，奠定了风行工作室在八卦江湖的地位。

可以说，风行工作室的成名史，也是很多明星的血泪史，

正是由于人人都有一颗八卦的心，风行工作室的成长更有了肥沃的土壤。

八卦新闻具有庞大市场，这些新闻的价值，与很多因素有关。一线明星的八卦显然会比十八线明星有价值，而离婚、出轨的八卦显然比恋情更有价值。

风行工作室存在的价值，在于提供八卦来满足人们的好奇心。也正是这

些偷拍，使得一些明星的人设崩塌了。

因为明星是包装出来的，明星真实的一面，与他们的这些光环存在一定差距，很有可能盛名之下、其实难副，走清纯路线的女演员可能并不清纯，走亲民路线的男演员可能喜欢各种耍大牌。

阳光是最好的防腐剂，缺少阳光的地方，容易充满着各种肮脏、罪恶。

风行工作室的存在，就像朝阳群众一样，使娱乐圈有了监督者，明星也多了一个自我约束机制。

一般而言，明星的自我保护意识较强，所以风行工作室要想拍到他们的八卦要付出很多努力，而他们之所以愿意克服各种困难，去捕捉明星们的八卦信息，是因为能够靠此赚钱。

类似风行工作室这样的机构，其赚钱的主要方式有两种，其一是收取明星们的公关费，其二是把所拍摄的图片与视频卖给娱乐媒体。

在国外，狗仔队卖图片与视频的方式更容易赚钱，因为国外有着很好的版权保护，当狗仔拍出有价值的明星爆料之后，其他媒体在使用时便要支付版权费。所以，国外有些狗仔只需拍一张有价值的作品，便能获得高额收益。

既然风行工作室是通过偷拍明星的隐私来赚钱，那么，存在于很多人心中的一个疑虑是，他们的这种行为不违法吗？

莫言先生在《捍卫长篇小说的尊严》里说，"在善与恶之间，美与丑之间，爱与恨之间，应该有一个模糊地带，而这里也许正是小说家施展才华的广阔天地。"

同理，在法律与道德之间，存在着一个模糊地带，而这里是风行工作室施展狗仔才华的广阔天地。

当风行工作室游走在这种模糊地带时，可能存在的法律风险有三种。

其一是偷拍到明星不愿被外人所知道的图片或视频后，如果风行工作室以这些爆料为筹码，找明星索取钱财的话，就会涉嫌敲诈勒索。

现实中常见的情况是，出现被偷拍的情况以后，明星通常会主动联系媒体公关，具体的交易过程便不得而知了。

其二是如果新闻爆料不真实，或者过分夸大了报道，可能会涉嫌侵犯明星的名誉权。

其三是我们最为关心的问题，风行工作室的这种偷拍行为，难道不是侵犯了明星个人隐私吗？

要回答风行工作室所面临的这种非议，我们首先需要分析个人隐私权是什么。

我国有关个人隐私权的条文，散见于多个法律条文之中，《宪法》《民事诉讼法》等法律对于隐私保护的规定，主要围绕名誉权展开，但并不是很系统与完备。

一般而言，个人隐私可以分为三大类：第一是私人的空间隐私，包括人的身体、个人的房间等物理空间，是受法律保护的；第二是私人的活动隐私，主要是人与人之间的聊天交流信息等；第三是私人的信息隐私，例如身份证号码、就医信息、个人的房产信息、银行存款信息等。

对隐私权的尊重，是社会文明进步的体现。在原始社会的裸体群居时代，人类自然就不存在隐私这一概念。

讨论个人隐私的前提是划分公共领域与私人领域。

公共领域就是一些公共场所，如城市广场、公交车、教室等；私人领域主要是个人的一些空间，如个人的房间、私家车内。

国内外的法律都是严格保护私人空间的，所以，国外的谚语"家里风能进、雨能进，国王不能进"就是此道理，即使是警察对于个人房间的搜查，也需要出具相应的文件才行。

但是，通过公共领域与私人领域的划分来界定个人隐私，存在着局限性与模糊性，也正是这种模糊性的存在，使得风行工作室有着打法律擦边球的可能性。

对于明星的房子而言，屋子里是私人领域、屋子外是公共领域。如果狗仔在明星的屋里安装摄像头来拍摄，或者使用窃听器等，那么此行为肯定违法，因为这是明显入侵了私人领域。

如果狗仔在明星的屋外来拍摄，那么通常就不属于违法行为，这也通常是风行工作室的做法。

当狗仔在屋外拍摄时，如果明星的窗帘是拉着的，但狗仔为了便于拍摄，把窗帘拉开了，即使拉开了一个小孔，也是违法的，因为这种做法侵犯了明星的私人空间。

有一种存在于公共领域中的私人领域，如对于停在路边的私家车而言，道路是公共领域，但私家车里是私人领域，该私人领域也是受法律保护的。此时，狗仔在车外面偷拍是不违法的，但是，如果狗仔打开车门偷拍，则是违法的。

风行工作室对于个人隐私权的把握很精准。

2015 年，网络上出现了泄露李易峰、杨洋等明星的身份证信息，全明星探发微博道，"日前，网上出现非法泄露李易峰杨洋等人身份证信息一事。只说一句，赶紧删除吧。"

泄露前面加了非法二字，可见风行工作室的确对于法律的度把握很到位，他们很清楚哪些行为是违法的、哪些不是违法的或者是游走在法律边缘地带的。

要是没把握好这个度，该工作室也许早已被明星们告破产了。

当个人的身份信息、房产信息、银行储存信息被泄漏的时候，明星们可以报警、到法院起诉，因为法律是严格保护公民个人信息的，泄漏与传播个人信息是违法犯罪行为，理应接受法律的惩罚。

随着科技的发达，公共领域与私人领域的划分也日渐模糊。

前互联网时代，屋里屋外是两个世界，个人关上门，外面的人就很难知道屋里人的行为。但是，互联网打破了公共领域与私人领域的这种划分，你在房间里上网浏览新闻、刷微博、购物、打游戏等行为，技术人员在千里之外就能够知道得清清楚楚。

大数据时代，每个人都变成了数字化的人。身份证号、银行卡号、手机号、通话记录、上网记录等这些信息，都是受法律保护的，但是，这些信息的泄漏又是如此普遍与常见，个人的隐私变得无处藏身。

事实上，我们将裸奔或者已裸奔于大数据时代。

学术界在讨论技术的两面性时，时常会有人发问，隐私死了吗？好像是死了，或者说正在死去！

明星对于风行工作室，可谓又爱、又恨、又无奈。

爱，是因为明星的个人隐私在某种程度上具有商品的性质，只要能够获取关注度与话题度，明星愿意牺牲一些隐私。有些明星会主动向风行工作室喂料，以进行恶意炒作。

所以，在一定意义上，明星与风行工作室是共生的。

恨，是因为很多明星的光环被风行工作室摘下来了，他们不能够再继续在原有的人设下生存。

无奈，是由于风行工作室的许多拍摄行为没有违法，即使采取法律手段也不一定能够获胜，况且一般的明星不想轻易得罪该工作室。

所以，要想不被偷拍，只能自己小心，防火防盗防风行。

天使与魔鬼本来就是一体的。

当明星选择作为公众人物的时候，同时也就意味着将会失去部分隐私，尤其是对于本来就靠曝光率生存的明星来说更是如此。

隐私与曝光率天生是一种负相关，与普通人相比，明星的隐私范围相对会小一些。

对于许多路人而言，他们会一边鄙视风行工作室的偷拍行为，一边又对于爆料津津乐道。

而粉丝的反应则一般是愤怒，因为她们觉得风行工作室影响了自己偶像的前途。

要说风行工作室的从业者有着新闻人的情怀与理想，我是持怀疑态度的。况且，该工作室时不时做一些无道德底线的事。

全明星直播打着纪念黄家驹的名号，实为炒作某网红，这种消费过世艺人的行为完全缺乏道德底线。

卓伟在拍霍建华与林心如的婚礼受阻后，竟在微博上说"网友星探莫悲哀，下次婚礼咱还拍"。

同时，该工作室也不时出现报道不实而惨遭打脸的情况。

如果要打着新闻人的旗号，希望风行工作室能够具备最基本的社会公德与职业素养。

尽管我不支持风行工作室的这种偷拍行为，毕竟没人愿意身边随时随地都可能存在着偷拍者，但对于明星而言，一个客观事实是，八卦之心常在，偷拍事业永存。

作为契约的婚姻

娱乐圈的出轨早已不是新鲜的话题，但是，每次都能够引起舆论沸腾。

网友或群情激昂，或伤心难过，而大批路人则当起了段子手，并不断地评判娱乐圈出轨队与吸毒队之间的较量与胜负。

在这两支队伍的较量中，出轨队一直处于上风。

当然，这并不代表娱乐圈里吸毒的人少，只是吸毒等行为明显比出轨更为隐蔽与私密。

明星是靠关注度生存，其负面新闻关注度自然也很高。如果该出轨明星端着顾家好男人人设，那么，这种巨大的反差更容易刺激网友的神经。

所以，一旦卓伟等狗仔队爆出明星出轨，该消息便会迅速占据新浪微博热搜。

在家庭观念很强的中国，婚姻与个人的形象有一种天然的联系。因此，出轨会成为一个天生的污点。

女生是追星的主力，她们会有着很强的代入感，一旦有明星出轨之后，她们就会十分自然地联想到，自己以后的老公会不会出轨？要是出轨了，那会怎样？

正如你在地铁上，看到小偷偷别人的钱包时，你会很自然地摸摸自己的钱包，看是否还在。

这是一种本能。

进而，她们会把这种对于爱情的不安全感、对于出轨的愤怒，发泄到小三身上。

正是基于这种心理，女粉丝们对于出轨的女人似乎更为挑剔与严苛，如果女人一旦做了小三，几乎一辈子都会被贴上了小三的标签，被娱乐圈彻底边缘化，难以翻身。

明星是一件靠形象生存的商品，一旦被爆出出轨丑闻，个人形象就会受到严重损害。

紧接着，相关的代言品牌会迅速做切割，参与的影视作品会被剪辑掉，已确定的综合节目也泡汤，这些损失可能上亿甚至数亿。

明星个人的形象受损后，除了资源很广的个别明星外，绝大部分难以洗白，从而，演艺生涯可能从此开始走下坡路，一辈子都不能翻身。

尽管，出轨明星不会放弃洗白的尝试。

如果出轨被拍到了实锤，那么，显然就没有再否认的空间了。此时，他们不得已只能够选择向公众道歉。

道歉的本质是打感情牌。

一个人的道歉是无力的，此时，需要妻子的配合才能够更好地把戏演好。于是，妻子会在微博上选择原谅。

更有甚者，会把出轨的锅甩给小孩，自称早已协议离婚，只是为了小孩，而选择继续扮演夫妻。

但是，吃瓜群众并非傻瓜群众。

这个协议离婚的可能性不大，退一步讲，即使是真的，那么，两人在离婚之后，一直在电视上秀恩爱，打着好人妻、好人母的人设，这显然是在欺骗公众。

对于明星出轨，以及出轨后的道歉，公众会有不同的反应。明星一出轨，爱情就会受到质疑，有些粉丝声称再也不相信爱情了。

为何你爸妈还在一起、你爷爷奶奶还在一起，未能让你相信爱情，而明星一旦出轨，便不相信爱情了呢？

一定要相信爱情啊！

而粉丝的注意力显然不在思考爱情上面，而是忙于替自己偶像辩解。我家宝宝出轨有什么错呢？是男人都会禁不住诱惑，他只不过是犯了男人都会犯的错。

男人真冤啊，自己与明星毫不相识，还需要替他背这么大一口锅。粉丝要明白，出轨是你偶像自己的事，并不是所有男人都会犯这一错误。

当狗仔放出一部分消息时，粉丝会声称，他是被冤枉的，狗仔只是想搏眼球。

而一旦有更多的实锤放出时，粉丝就会说，我只关心他的作品，不关心他的私生活。黑粉们都消停点，喜欢就支持，不喜欢就别冒充警察。

难道其他人没有出轨吗？为何就一直紧盯着我宝宝？你长这么丑，想出轨都没有机会呢。

他出轨与否，是他的私生活，没必要向你们道歉，他离婚不离婚，也是他的自由，与你们没有任何关系。

他出起轨来也如此帅，即使他出轨，我也会选择原谅他，并一如既往地支持他，他就是我的全部。

有些观点看起来似乎有道理，但是经不起深究。

在一个正常的社会里，对于好事的推崇，与对于坏事的批判一样，都是难能可贵的。

观众消费明星的人设，人设如果存在欺骗，那么，观众当然有权利去评论与批评，正如你去商场买到了虚假宣传的产品一样，是可以索赔的。

有明星隐婚后，仍然以单身示人，与人组情侣。有明星隐离后，到处秀恩爱，标榜家庭幸福美满，这些在本质上都是对于公众的欺骗。

人生如戏，全靠演技。

有时，路人可能并不是对明星的出轨行为而感到愤怒，而是他们在出轨或者离婚之后，仍然秀恩爱来赚钱。

为何有些明星夫妻明明离婚了，但仍然维持着夫妻的名分？

因为有些明星的婚姻似乎如同一门生意，生意的宗旨是利益至上，婚姻为利益而生，合则两利，分则两伤。

所以，在经过各种权衡之后，他们维持名义上的婚姻是最好的选择。两人继续捆绑在一起，才能更好地圈钱。

在经济学看来，婚姻是一种契约，在本质上是一种经济行为。男人与女人组合在一起，其目的是为了追求人生效益的最大化，其中，核心的效益包括男女双方情感需求的满足、安全感的获取、后代的繁衍等。

但是，一纸契约并不能够保证男女双方一辈子永不出轨。

男女双方之间存在着诸多信息不对称，有些人善于在婚前伪装，而婚后所有毛病都暴露出来，神秘感也消失了，原来心中的男神与女神，变成了让人生厌的普通人。

七年之痒的说法，意味着爱情是有保质期的。

如果经营得好，两人可以白头到老，但是，如果经营不善，那么婚姻可能随时亮红灯。

为何呢？

经济学给出了解释，即边际效用递减。

简单地理解，就是你在消费某个物品时，随着消费的次数越来越多，你从中获得的满足感是越来越小的。

就像你买了一件新衣服，第一次穿时，自我感觉很好，第二次穿时，感觉也还不错，第三次穿时，衣服给你带来的满足感会明显下降了，等到穿了多次之后，你可能就扔了，或者一直放在衣柜里。

同理，婚姻中男女双方对于对方情感的消费，也同样可能存在着边际效用递减。当新鲜感逐渐消退时，就需要双方制造一些新的刺激。

此时，男人或女人便会把目光投向感情市场上的替代品。这些替代品可能需要主动去寻找，也有可能是替代品主动贴上来。

对于明星来说，后一种情况更多。

在明星爆出婚内出轨后，妻子通常会选择原谅。一些路人对此极为愤怒，哀其不幸、怒其不争，质疑为何这些妻子不选择离婚？

显然，在婚姻里，两个人都追求帕累托最优。

女人在婚姻里投入了大量的沉淀成本，有些为了有时间照顾家，放弃了自己的事业，当起了全职太太。

等到生娃以后，精力更集中在小孩身上了，身体变得臃肿了，皮肤变得差了，甚至有个别女人变成了一个黄脸婆。

　　这些皆为女人在婚姻中所付出的沉淀成本，如果一旦离婚，这些成本可能全部白费了。所以，很多女人都会选择原谅，或者对于丈夫的出轨采取默认、容忍的态度。

　　当然，需要说明的是，这些只是用经济学理论来分析明星的婚姻。

　　理论是理性的，而感情是感性的，所以，感情要复杂得多。婚姻关系应该是人类关系中最为复杂的一种了吧？

　　什么是爱情？什么是婚姻？这可能是需要用一生来回答的问题。

　　惟愿世间的痴情男女，在愤怒之后、失望之后、伤心之后，依然对爱情充满热情与期待。

通往奴役之路

在花样作死排行榜上，吸毒当之无愧位居第一。

娱乐圈里，吸毒队在与出轨队的较量中不甘示弱，近年已有多位明星因为吸毒被抓。

为何明星如此热衷于吸毒？娱乐圈吸毒是不是比其他行业更为普遍？

事实上，吸毒的普通人相当多，也有大量吸毒者被抓，只不过明星有着天然的公共性，这种公共性意味着话题度与影响力，媒体也热衷于报道。

所以，一旦明星吸毒被抓，就会引起舆论的广泛关注。

为何明星吸毒通常在北京被抓呢？

北京是首都，所以对吸毒、贩毒等违法行为的打击呈高压态势，同时，北京作为全国的资源中心，也是明星最主要的集散地。多种因素的影响下，北京被抓的明星当然就多了。

一个有趣的现象是，在警方的通报中，很多明星吸毒都是被朝阳群众举报的，正因为如此，朝阳群众被网友戏称为新型的特工组织。

难道真是朝阳群众正义感爆棚？非也。

现代城市，是由钢筋水泥筑就的社会，少了农村社会所具备的熟人社会特质。在城市里，住了十几年的邻居都很可能相互之间不认识，所以朝阳群众对邻居没有那么熟识，也没有这么神通广大。

抓捕背后，是警察的大量付出。

通常情况下，警察在审毒贩或者吸毒人员时，会要求其交待出上线、下线等，这也是警察线索的重要来源。在掌握线索之后，再重点布控，时机成熟时便实施抓捕。

明星吸毒的原因各异，但通常都会说是压力大，或者艺术创作需要灵感，灵感仿佛成了实力背锅侠。

娱乐圈的确有压力，因为大量的人都挤破脑袋往里面钻，未成名的想成名，成名了的想维持人气，想要更大的知名度。

但是哪一行业没有压力呢？

有压力就能违法吗？

吸毒的明星多，与娱乐圈的文化很有关系。

许多明星年少轻狂，成名后来钱太快，但他们驾驭金钱的能力还没有跟上。他们习惯通过金钱去获取很多东西等。不过，拥有这些东西太容易，从而缺少刺激感。

于是，他们便会选择吸毒来作为新的刺激源。

毒品在给人的身心带来快感的同时，也使得身体与心理迅速上瘾，一旦染毒，戒毒难度便相当大。

许多粉丝在为偶像吸毒洗地时会说，吸毒是花自己的钱，糟蹋自己的身体，与别人没有关系，为何政府还要管呢？

让我们以政府的来源，来作为分析此问题的起点。

很明显，政府不是天然存在的。

在政治学的理论预设中，对政府的产生有两种主流解释观点，其一是学者霍布斯的利维坦理论，其二是卢梭的社会契约论，尽管两者的解释不同，但殊途同归，两种理论解释的结论是高度一致的，即政府的存在是必要的。

公共性是政府的最本质特征。

作为公共机构，政府拥有公共权力，履行公共职能，提供公共产品，维护公共秩序。这种公共权力是一种强制力，如果社会中有谁对公共秩序造成破坏，政府便行使公共权力来对此人进行惩罚。

而吸毒的人，便是公共秩序的潜在或现实威胁。

吸毒是一种极具负外部性的行为。

何为负外部性呢?

简单地理解,就是一个人或者组织的行为影响了其他人,但其他人没有获得相应补偿。

比如造纸厂排放了大量污水,影响了周围民众的健康,但是,这些民众却没有从造纸厂获得相应的补偿。

比如某同学喜欢在宿舍里大声放音乐,影响了其他室友休息,该同学的行为便具有负外部性。

有些负外部性行为的解决需要个体之间的协商,比如宿舍放音乐的行为。

如果该同学意识到自己在宿舍大声放音乐,会引起其他室友对自己的不满,这种不满的负面评价,对于该同学来说是一种成本。于是,有公德意识的人会自动调节自己的行为,停止外放音乐等行为。

有些负外部性行为则需要政府的介入了,比如造纸厂的排污行为。政府会征收排污费,使得企业把排污的费用计入成本中,从而自觉减少污染的排放。

吸毒容易成瘾,极难戒除。

而毒品价格高昂,一般的人是难以承受长时间的毒品消费。当没有钱吸毒时他们会怎样呢?很多人都会选择去偷窃、抢劫,有些人甚至为了获得毒品,走上了以贩代吸的道路。从各种报道来看,吸毒人员毒瘾发作时杀害亲人的案件也并不少见。

所以,吸毒是一种负外部性相当高的行为,会对社会造成相当大危害,政府有必要进行打击,这种打击是让吸毒行为的负外部性内部化的一种方式。

的确,哪有什么岁月静好,只不过是有人替你负重前行,这句话相当适用于政府对于吸毒贩毒的打击。

每年,我国有很多警察在与毒贩的斗争中牺牲,瘾君子的手上沾满了警察的鲜血。

所以,粉丝们花在吸毒明星身上的每一分钱,都有可能变成打在缉毒警察身上的子弹。

每次有吸毒明星被抓,总会有粉丝的各种花样洗地。

经常有粉丝说,人人都会犯错,难道就因为犯了这点小错就要封杀吗?

每个人都有被原谅的机会，不能因为一个错误就否定一个人的过去，更不能否定他的作品，我们会一如既往地支持你。

我们需要明白的是，吸毒并非小错，而是极具社会危害性的大错。封杀也不是不让其走入社会，而是不让其再回归银幕。

回归社会与回归银幕是两码事。

因为公众人物有着巨大的影响力，年轻人容易效仿，很明显吸毒明星其已经不再适合做公众人物。

更有甚者提出，吸毒的男生更帅，你越吸毒我越崇拜你。这样的粉丝，三观尽毁，支持回炉再造。

宽容也是有界限的。

过分宽容的社会环境，会影响吸毒明星的认知和判断，他们会觉得吸毒没有多大问题，即使被抓，照样能够做明星，能够圈粉丝的钱。

如果社会形成了对于吸毒明星零容忍的氛围，那么，这种氛围便会形成对于明星的一种强有力约束，他们在选择吸毒与否时，便会把前途作为重要的考量，其结果很有可能是，许多明星自觉选择不吸毒。

为何很多明星在吸毒后会选择道歉呢？

法院是不会判决明星向粉丝或者社会公众道歉的，这种道歉往往是明星的一种主动行为，其本质上是一种危机公关而已。

吸毒明星希冀通过道歉，来或多或少地挽回已经遭到损害的公众形象，博取舆论同情分，然后继续在娱乐圈吸金。

吸毒绝对是一种自毁前途的最佳选择，这些明星很好地诠释了什么叫不作死就不会死。有些明星在吸毒被抓后，迅速成当红一二线跌到了十八线之外，最终慢慢淡出娱乐圈，星途尽毁。

吸毒是一条不归路，对于明星，对于普通人，均如此！

以炒作为业

娱乐经济在本质上是一种眼球经济与注意力经济，在这种传播学逻辑下，谁能够获得更多的关注，谁就是一种成功。

如果任何消息都不能激起水花，那么，该明星一定是过气了。

于是，炒作成为娱乐圈的常态。

炒作是很多无演技小花小生们的习惯性选择。

作品不行，炒作来凑！

所有与私生活相关的素材都是炒作点，因为路人都好奇心，尤其是绯闻、恋情相关的，更能够获得舆论关注度。

娱乐圈炒作的方式多样，且手段不断优化升级。

如诸多小生浏览微博时容易手滑点赞，或者发微博再秒删。其实炒作的套路都不新鲜，但是，总是有人感兴趣。

毕竟，八卦是路人的第一要务。

炒作绯闻是最为常见的方式，因为花边新闻往往具有很强的传播力。比如某明星晚上和其他人走在街上，举止亲密，有拥抱等行为。比如男女明星在微博上进行互动，再发一些含义模糊的句子，以引发网友们猜测。

现在越来越流行负面营销。

每次在作品上演时，各种抢角风波就会出来，或者爆出男女主演之间不和、导演与演员之间不和等，此时不要太惊讶，这很可能只是剧组的一个炒作手段而已。

蹭热度是炒作的捷径。

热度是指一些人或者事本身具有广泛关注度，如果明星能够主动与这些极具关注度的人或事联系起来，那么当然就会给自己也带来热度。

比如追星成名的虹桥一姐，习惯于在虹桥机场蹲点明星，当其屡屡成为微博的热门话题时，甚至有一些知名或不知名的明星会主动来蹭她。

同学、朋友、前女友，甚至老乡等身份，都会变成蹭热度的缘由。

要想炒作成功，光有自身的经纪人还不够，还需要狗仔队的配合。狗仔队的确喜欢捕捉明星的信息，但是，他们只是对那些劲爆的消息比较感兴趣，比如谁和谁离婚了等，至于谁和谁吃了个饭，谁素颜出现在机场，他们不太关心的。

此时，经纪团队会主动把明星的行程透露给狗仔，邀请他们去偷拍，或者团队自己拍了照片，再让狗仔队来发布。

狗仔会配以某某与某某秘密恋情曝光等类似标题，引起网友好奇，等维持几天热度之后，主角再出来澄清、装无辜。

本质上，这种炒作是明星、狗仔们一起演戏，让路人来消费。

炒作是一种商业包装与商业营销，未成名的明星想靠炒作成名，成名的明星想靠炒作维持热度，过气的明星想靠炒作东山再起。

炒作的信条是，宁愿让人恶心，也不能被人遗忘。

因为即使让人恶心了，还可能通过公益等多种途径洗白，要是被遗忘了，便会彻底过气，毕竟能够二次出道的明星太少了。

炒作是一门艺术，如果过度炒作，便容易炒糊了。

过度炒作的现象很常见。

有些明星炒作的频率相当高，经常会毫无理由地空降微博热搜，或者通稿连续几个月排在各大商业新闻客户端的首页，有时还连续有几篇通稿。

贴各种夸张标签也是一种过度炒作，常见标签有"国民闺女"、"几千年美女"、"国宝级美女"、"中国第一美女"等称呼。

我国传统文化追求中庸，这种文化基因渗透了大多数中国人的骨子里。凡事都要掌握好度，火候差不多就该收，如果过度了，便会过犹不及。

频繁地出现在热搜，或者通稿满天飞，容易引起视觉上疲劳，进而让人产生厌恶感，败光明星的路人缘。甚至有些明星喜欢发捧一踩一的通稿，这种行为则更让人难以容忍。

所以，赞誉虽好，可不要过度。

明星应该兼具关注度与美誉度。

但是，现在国内的娱乐市场上，关注度至关重要，而美誉度则不受关注了。所以，这造成了国内娱乐圈里人气比好感重要的畸形生态，从而导致许多明星热衷于炒作，而不把精力花在打磨演技、提高唱功上。

事实上，红不红与有没有实力，是两码事。很多明星通过炒作红了，但是，只能够算作明星，而非演员。

每个人有不同的追求，有些是追求名气，有些是享受表演，对名气能够淡然处之。所以，希望大家能够给予这样的明星更多关注。

明星们需要明白的是，炒作毕竟不是长久之计，它可以让你在短期内获得关注，但是，真正要持长久维持热度，必须靠作品说话。

宣传期恋情

如果说炒作是娱乐圈的第一生产力，那么恋情炒作则是生产力中的主力军。

顾名思义，宣传期恋情，就是与宣传期相关的恋情，恋情曝光的时间点是在新戏将要上映，或者正在上映时。

作品上映期就是恋情炒作期。

宣传期恋情的常见套路是，由一些狗仔队或者营销号进行爆料，主要是关于主演的绯闻或恋情，可以是一张"偶遇"的图片，或者"偷拍"的视频。在图片或视频里，主演与异性有着一些暧昧的行为。

之所以加上引号，是因为绝大多数情况下，这些照片与视频并非被偶遇或偷拍，而是由经纪公司主动喂料给营销号。然后，这些爆料再引发娱乐媒体大肆报道，路人也广泛参与讨论。

对于恋情的传闻，当事人要么不回应，要么予以否认，并严厉谴责与强烈抗议狗仔队胡乱报道。

还有一种较多的回应方式，是在微博中发一些意义模糊的照片与字句，貌似回应了，又好像没回应。

宣传期恋情是炒作主演的绯闻，路人感兴趣，主演们也乐意配合，甚至习惯把这种炒作当成自己宣传新片的义务。

因为这种炒作能够带来大量的流量，流量就意味着票房或收视率，何乐而不为呢?

　　宣传期恋情的保质期是很短的，通常情况下，一旦新戏结束，恋情也就结束了。

　　宣传期恋情，真真假假，虚虚实实。

　　其实，宣传期恋情在消费路人好奇心的同时，也可能是在消磨大家对明星的好感。

　　所以，请慎用。

第六辑　功不唐捐

摆渡明星梦

作家狄更斯在《双城记》里说过，"这是最好的时代，这是最坏的时代；这是智慧的时代，这是愚蠢的时代；这是信仰的时期，这是怀疑的时期；这是光明的季节，这是黑暗的季节；这是希望之春，这是失望之冬"。

娱乐圈亦如此。

对于怀揣明星梦之人而言，现在是最好的时代，也是最坏的时代。

之所以说是最坏的时代，是因为现在想进入娱乐圈的人可以绕地球好几圈，竞争压力巨大。

同时，现代社会的节奏飞快，观众也似乎愈发喜新厌旧。

娱乐圈明星的迭代迅速，后浪推前浪，前浪死在沙滩上。有些小花小生也许好不容易走红，但又迅速过气了。

之所以说是最好的时代，是因为现在出道的途径多元化。各种选秀、综艺节目、热播电视剧、电影、网络直播等，都是打造明星的平台，其中总有一款适合你。

各种偶像派、实力派、学院派、草根派，均可以根据自身特色与优势，找到可行的出道之路。

虽然国内拥有明星梦的人众多，但是，国内娱乐市场尚且不成熟，真正具备实力的小花小生紧缺。所以，成名路上虽然竞争对手颇多，但是，只要真正具备才华，出名并非太难。

明星梦，美好而虚幻。

这个梦的确美好，来钱快，在舞台上光鲜靓丽，享受粉丝的支持与崇拜，这些都能够给个人带来虚荣感与自我实现感。

但是，这个梦可能是虚幻的，最终能够实现明星梦的毕竟是少数。因此，对于相当多的人而言，明星梦可能只是水中月与镜中花。

套用哲学的话语体系，成为明星，偶然中有必然，必然中有偶然。

光有一颗想成为明星的心显然不够，还需要满足众多要求。当然，满足得越多，成名的可能性就越大。

年龄。

江山代有人才出，各领风骚不定期。现在小花小生的更迭速度太快，所以出名要趁早，童星在娱乐圈是大有可为的。

颜值。

颜值对于娱乐圈的重要性是不言而喻的，而且它并非整容与美图软件能够轻易改变的。

如果出生时，手一抖选择了困难模式，脸先着地，那么，你可能就不能够靠脸吃饭了。

如果老天赏饭吃，让你拥有倾国倾城的脸蛋与身材、甜美动听的嗓音，那么你无疑具备了相当多的优势。

其实颜值不一定要特别高，具有辨识度才是最重要的。

现在整容的流行，以及审美的趋同化，使得娱乐圈充斥着各种网红脸，她们虽然看似颜值高，但是缺乏了辨识度，反而难以成名。

如果你长得丑，且丑得惊天地泣鬼神，反而会比颜值高但缺乏辨识度的人更易成名，在审丑文化与猎奇文化流行的互联网时代，更是如此。

才华。

才华是一个人成为明星的核心竞争力，可以是唱歌方面的才华，也可以是表演方面的技能等。

只有才华才会让你走得更远。

君不见有些小明星的确在某些契机的推动下走红了，但是，缺乏才华的支撑，最后只能够做一只普通的花瓶，然后被公众遗忘。

才华是决定明星演艺生涯能走多远的关键因素。

兴趣。

如果你是发自内心地热爱演唱、演戏，而非仅仅是被娱乐圈的种种光环所吸引，那么，你将会有源源不断的动力来提升自我。

即使最后未能大红大紫，你仍然会收获颇丰。

你对艺术热爱，会传递给观众，他们更易被你的真挚与执着所感动。

资金。

娱乐圈成名需要大量资金做后盾。

艺术培训需要钱、选秀投票需要钱、炒作名气需要钱、公关媒体需要钱、团队包装需要钱。

总之，成名之路，金钱铺就。

人脉。

社会学理论把关系当作重要的社会资本。

娱乐圈里，人脉意味着各种时尚资源、演艺资源。当然，对于绝大多数普通人来说，人脉可遇不可求。

契机。

在互联网未普及之前，出道的途径几乎被电视垄断。电视造星最大的局限性在于要求高、数量少。

但是，随着互联网的普及，成名的难度则大为降低。网络直播、微博、微信自媒体的崛起，给少男少女打造了展示自我的平台。

梦想。

怀揣明星梦者众多，但最后能够成功的幸运儿毕竟是少数。所以，这意味着很多人的明星梦，可能一辈子都实现不了。

娱乐圈不乏一夜成名的神话，不过也需要清醒地认识到，绝大多数一夜成名的背后，是他们多年努力、多种因素作用的结果，只是该积淀过程你未看到。

有梦想谁都了不起，但并非所有人的梦想都能够实现。如果以成为明星作为人生的唯一规划与精神支柱，最后可能会败得很惨，这是对于青春的糟蹋。

毕竟，人生的剧本没有机会重来。

所以，明星梦，可执着，但不能偏执。

叔本华说，"命运洗牌和派牌，而我们则负责出牌。"每个人都是自己梦想的天使投资者，祝愿意有明星梦的你们，既能被命运派好牌，也能自己出好牌。

以梦为马，不负韶华。

选秀理想国

在粉丝经济的强力驱动之下，选秀已成为时尚。

2005 年，中国选秀元年。

火爆的《超级女声》开启了粉丝经济时代，全国总冠军李宇春则成为国内娱乐文化由传统娱乐，向现代粉丝经济转型的里程碑式人物。

《超级女声》为何会取得如此大的成功？

其最大的价值在于草根性与参与性，而这正是对传统娱乐产业下明星生产机制的颠覆。

《超级女声》是第一次真正让粉丝参与到明星这一特殊产品的制造过程中来。

在传统的娱乐产业下，选秀节目的组织方控制了话语权，而《超级女声》则第一次把话语权甚至决定权赋予观众。

该节目采用观众发短信投票等方式，来决定选手的去留，极大地调动了观众的参与热情。

正是芒果台对《超级女声》的成功运作，让兄弟电视台真正意识到了粉丝经济的魅力，之后各种选秀节目如雨后春笋般涌现。

选秀本是一种快餐文化。

显然，选秀节目的泛滥与当今社会的快节奏密切相关。

众多少男少女梦想能够一夜成名，君不见，选秀报名现场的火爆程度堪比春运。

相比其他出道途径而言，选秀具有进入门槛低的特点，甚至是零门槛。

任何有特长或者无特长但有热情的人，均有机会在舞台上展示自己，去尝试触碰自己的明星梦。

这难道不是一种诱惑吗？

《超级女声》的成功，激励相当多的电视台纷纷加入到举办选秀节目的热潮中。可是，选秀毕竟需要遵循商业化的运作逻辑，电视台的第一追求就是收视率。

所以，选秀节目充满着设计、炒作的痕迹。

选手要有话题性，苦难的经历、悲惨的身世、怪异的性格等，都是节目组青睐的，越有冲突性与反差性越好。即使选手没有故事，节目组也会配备专业的编剧团队，来炮制各种催泪弹，以感动不明真相的群众。于是，选手们不仅要比才艺，还要比惨。

当然，虽然选秀存在着各种不足，但是，选秀仍然是草根实现梦想的重要选择。

所以，如果你有明星梦，不妨一试。

万一成功了呢？

《追风筝的人》鼓励我们，"也许每个人心中都有一个风筝，无论它意味着什么，让我们勇敢地追。"

其实我是一个演员

有明星梦者众，然而，圆梦者寡。

卢梭在《爱弥儿》中说，"我们的痛苦正是产生于我们的愿望和能力的不相称。"

在欲得到而未得到之时，人是痛苦的，为了缓解这种痛苦，人就必须积极寻找梦想的突破口，群演便是实现明星梦的突破口之一。

在所有进入娱乐圈的渠道中，群演算是门槛最低的一条。

群众演员的身份，容易给人一种幻觉，有时觉得身处娱乐圈，有时又觉得离娱乐圈很遥远。

不过，虽然每个人的感受各异，但有一点是相同的，那就是，每个群众演员的眼中，都充满了对于成名的渴望。

在横店，每天均有来自全国各地的人，纷纷加入群演队伍。

他们从事着不同的职业，有些是趁着暑假出来体验新鲜感的学生，有些是意欲积累表演经验的艺术生，有些则是想与明星零距离接触的粉丝。

绝大部分群演都是没有太高学历、没有太高颜值、没有太高经济水平的普通草根。

他们期盼能够在横店这一梦想天堂实现自己的明星梦。

不同的背景、不同的阅历，不同的心态，成了横店人的百态。

横漂的第一步，就是到横店演视城演员公会办理演员证，这也是横店对于群演管理规范化的一种体现。

办理了演员证，就是有组织的人了。只有办了证，才能够方便报戏，同时，也便于工资的发放。一般情况下，群演的工资会发放到银行卡上，或者直接去演员公会领取。办理了演员证后，就可以接戏了。

接戏的渠道多样化，但主要是自己跑组与联系群组。

自己跑组就是自己直接去找剧组。通常，跑组的要求会比较高，如果你对自己的颜值或演技有自信，或者有其他明显的优势，可以尝试此方式。

一般通过网络或者公共场所张贴的剧组筹备信息，找到剧组联系方式，然后直接去找剧组投递简历。

简历的主要信息有姓名、年龄、身高、体重、特长、照片、联系方式、履历等。简历是剧组认识你的最直接方式，所以，一定要精心制作。如在照片的选择上，可以有古装与现代装等不同风格与造型。

如果剧组觉得你有一定的优势，会让你当场试戏。否则，剧组会把你简历扔一边，让你回去等通知。

然后，就没有然后了。

自己跑组的成功率很低，最靠谱、最常用的渠道是通过群头接戏。

群头是替剧组发通告的人，当剧组需要找群众演员时，便会通知群头。群演找群头的过程，也是慢慢接触并融入娱乐圈最边缘的过程。

在横店这个人人皆演员的地方，要想接触群头并非难事。

有些普通行业的从业者，如酒店保安、旅馆大妈、餐厅服务员、环卫工人、开三轮的大爷，都是你认识群头的渠道，与他们熟悉一点后，他们会给你介绍群头。

还有那些有经验的群演，你与他们混熟之后，有些热心的群演前辈会带你入行。

群演的日常生活是等通告。群演与群头联系上后，他便会邀你加入微信群，有群演需求时，便会在里面通知。

有些群演会在凌晨便起床，去演员公会等戏。

由于群演的门槛低、人员多，群演市场在总体上处于供大于求的状态，所以，竞争激烈、工资水平低。

群演的工资会根据戏份的不同存在着差别。

如果只是没有任何台词与镜头的普通群演，工资可能会少于一百，远远没有在工地上搬砖高。

如果有一些比较辛苦的戏份，比如挨打、掉进水里，薪酬会相对高一点。如果有台词，会另加一些开口费。总体上，群演的工资很低。

当然，低并不可怕，可怕的是根本无戏可接，这时，可能连最低的收入保障都没有了。一个剧组的杀青，对于很多群演而言，可能意味着要暂时失业了。

所以，群演的收入具有不稳定性，很多群演仍苦苦挣扎在生活的温饱线上。

所幸横店的群演管理比较规范，很少出现拖欠工资的情况。工资的发放方式，有些是半个月结一次，发放到工资卡，有些是表演结束时就直接给现金。

群演的角色定位是活道具，所以，他们并没有太多戏份。

一般情况下，剧本里的角色与演员，剧组在开拍前就早已确定好，留给群演的角色，只是各种路人甲乙丙丁。

群演会扮演各种角色，如鬼子、小兵、店小二、快递小哥、客服小妹等，还有围观路人。

绝大多数情况下，这些角色没有台词，偶尔可能会有一句无关紧要的台词，如乡亲们冲啊、鬼子来啦、请出示证件等。

对于群演而言，从完全无镜头无台词的纯路人到有台词，便是一个飞跃。

因为有台词，便意味着能够出镜，可能会有特写，甚至有可能是与明星对戏。

这是群演梦寐以求的场景。

其实扮演路人也是一种很劳累的活，因为要陪着主演一遍遍过，单调地重复着，且熬夜是一种常态。有些戏份需要在夏天穿很厚的戏服在太阳下毒晒，或者在寒冬里穿得很单薄，这些都要忍受住。

当你失去对群演最初的新鲜感时，还能有多大热情坚持下去？

此时需要靠心中的明星梦来支撑！

群演是娱乐圈的最底层，但是，底层内部仍然存在着不同的等级。群演的大梦想是明星梦，小梦想是特约演员梦。

特约演员细分为小特、中特与大特，小、中、大特的区分在于台词与镜头的多少，每上一个台阶，都需要花不少的功夫。

大特有时需要承担一些危险戏份，比如爆破戏等，他们通常会与剧组签约，形成相对稳定的合作关系。

群演是一个近距离接触娱乐圈的机会，可以初步地了解演艺圈。

戏里戏外的切换，可能会带来一种时空变幻的美妙错觉。如果某个热播剧中能有自己的身影，更会带来成就感与虚荣心。

但是，群演能够让你走多远？

铁打的横店，流水的横漂！

群演这一职业本身具有极强的不稳定性，发展前景亦不明朗。

许多人充满着激情、希望与梦想而来，经过一番折腾之后，可能会失落、黯然而去。因为群演毕竟是娱乐圈的底层，如果缺乏过人之处，将始终徘徊在娱乐圈边缘，而难以真正融入娱乐圈，更别说成为大红大紫的明星了。

一部分人会选择主动离开，清醒地从虚幻的梦想中抽身出来，回到现实。

还有相当多的群演，仍然为虚无缥缈的梦想而坚持着。

他们害怕放弃以后会后悔，如果我当初坚持一下，结局会不会有所不同？

王宝强是群演的最佳代言人，也正是王宝强的励志故事，激励了很多群演。他们都热衷于提及王宝强，都期待能够复制王宝强的成名之路。

其实，对于很多群演来说，成也王宝强、败也王宝强。王宝强的成名具有一定的偶然性，可复制性不强。但正是他的成名，给许多群演造成了一种错觉，仿佛娱乐圈近在咫尺。

其实远在天涯。

对于绝大多数人来说，群演与明星之间有着几乎无法逾越的鸿沟。

希望有一天，你能够理直气壮地说，其实我是一个演员！

艺考，若即若离的明星梦

江湖上一直存在着学院派与草根派并存的局面。

公立三甲医院的医生是学院派，赤脚医生是草根派；北大静园的文学史研究学者是学院派，网络文学写手则是草根派；北大物理学院的教授是学院派，而长期混迹于北大校园的大量民科可能是草根派，或者是伪科学研究者。

学院派意味着阳春白雪，而草根派则意味着下里巴人。

学院派代表着高雅与权威，草根派则代表着通俗与野路子。

文艺领域，中央戏剧学院、北京电影学院、北京舞蹈学院等艺术院校，是学院派的资深代表，为娱乐圈培养了大批实力派选手。

在所有进入娱乐圈的渠道中，走学院派路线算是最为正统的一种方式了，所以，每年艺考异常火爆。

艺考生众多，但其选择理由各异。

有些是出于对艺术的热爱，对于表演有着极大的兴趣与热情。有些是出于文化成绩不太理想，也不想如文化生一样，整天泡在题海里奋战高考，于是，她们把艺考作为考大学的捷径。有些人的选择理由则简单粗暴，就是想进入娱乐圈、想成名、想赚大钱。

考生需要对于艺考有更为清醒与理性的认识。

有时空有一番热血可能是不行的，还需有天赋，需要具备艺术细胞而非艺术细菌。艺考并非逃避高考压力的一种方式，要取得较好的艺术成绩，同样是需要付出大量努力。

再者，艺考需要各种报名费、食宿费、全国各地考试的交通费等，都需要家里的经济条件做后盾。

艺考很可能是一条荆棘路，而非坦途。

艺术生需要接受别人的偏见。

社会中很多人都存在成见，认为艺术生是由于文化成绩不好、考不上大学，才会选择艺考。这种偏见在很大程度上是社会对于娱乐圈印象的一种延伸。

不否认的确存在这样的现象，但是，我们同样不能否认的是，相当多的艺术生，是缘于对艺术的热爱。况且，艺术生考大学同样需要付出汗水，而不是随随便便就能成功。

其实与社会的偏见相比，艺术生更大的压力来自于艺考本身。

暂且不论艺术生平时的付出，光考试本身就够折腾。

艺考生通常会参加省外的艺考与省内的联考，保险起见，考生通常会报考多所学校、多个专业。有些院校有初试、复试、三试甚至四试，每一轮考试都要经历备考、参考、等待放榜等过程。

由于艺考的时间段较为集中，经常出现意向高校考试时间撞车的现象。如果一所你特别想去但成功率很低的学校，与一所你并非特别想去但成功率很高的学校在同一天考试，如何取舍？

艺考并非资格性考试，而是选拔性考试。所以，竞争相当激烈，尤其是对中戏、北影等高校艺考而言，更是千里挑一、万里挑一。

有时你觉得自己实力已达影帝水平，但是，在考官眼中可能只是渣渣级。更何况，艺考的评判不像高考数学题，有着固定的答案。

艺考评判的主观性很强，每个考官有自己欣赏的风格与评判尺度。相比较而言，高考文化课的评分则相对客观很多。

我有幸参加过多年高考阅卷与考研公共课阅卷，鉴于参加艺考的同学同样需要参加文化课考试，所以，在此把多年阅卷的经验写出来供参考。

知己知彼，百战不殆嘛！

只有知晓了阅卷老师的给分标准、何种情况下愿意给高分，才能在备考与答题时更有的放矢。

一个让人遗憾的客观事实是，尽管很多高中老师指导了一批批高考生，但是，真正具有高考阅卷经历的老师极少。所以，希望我的阅卷体会能够给艺考生提供一些指导。

高考与考研的阅卷大同小异，核心都是遵循"踩点给分"的打分机制。

通俗地理解，就是一道主观题，如果有十分，那么通常会有三到五个踩分点，每个踩分点两到四分。

比如，一道十分的题，共有四个踩分点，各踩分点的分数分别是两分、两分、三分、三分。如果考生没有答到，便不给分，如果答到了其中一些点，就酌情给分。

之所以把阅卷评分标准细化，就是提高阅卷的可操作性，同时，从最大程度上规避阅卷老师的随意性。

但是，既然是主观题，那么，阅卷就会具有主观性。一道十分的主观题，阅卷老师有两到三分自主权。

且勿小觑这两到三分。一道题三分，五道大题就是十五分了。

在千军万马过独木桥的高考，多一分就意味着能够超越大量对手。有时候，可能多一分或者少一分，就决定你是上本科还是专科、上一般本科还是重点本科。

这几分对于考研的重要性也不言而喻。

考研时，无论是专业课，还是综合课，均有着单独的分数线。如果单科未过线，那么，即使考生总分再高，也只能选择调剂或者落榜了。

既然阅卷老师有着充分的自主权，那么，考生自然要学会取悦阅卷老师。阅卷老师心情愉悦了，自然更倾向于给高分。

在高考与考研阅卷时，经常会有考生在阅卷上写着各种话，如"阅卷老师辛苦了"、"求求阅卷老师多给几分，我想考上好大学"、"祝阅卷老师越来越美"、"祝阅卷老师发财"等。

其实，这些都是徒劳。

要想取悦阅卷老师，核心就是答题时要有层次性，把答案分成1、2、3、4条，清晰地表述出来。

这一点是几乎所有阅卷老师的共识。

想象一下，阅卷老师每天需要坐在电脑前评阅大量的试卷，眼胀眼涩眼疲劳的时候，还需依靠眼药水来滋润。

如果你一道题的答案就是一整段，没有分条，字很小而且潦草，那么，第一印象就很差了。本道题的四个踩分点，即使你均有答到，但隐藏太深，阅卷老师可能只找到了两个。

或者花了很大一番精力找到了四个踩分点，此时，阅卷老师也不会给你满分，因为论述缺乏条理。

阅卷老师最倾心的答案，是分条的答案，并在每条前面标上1、2、3、4这样的序号。这样的答案条理清晰，会给阅卷老师留下非常好的第一印象。

"踩点给分"的阅卷机制下，一个很关键的得分窍门，就是从多个方面来分条理答。比如一道十分的题，参考答案有四个踩分点，这四个踩分点，讲了四层意思。

阅卷中比较常见的情形是，有些考生在答题时，整个答题始终围绕一个意思，反反复复讲，阐释了一大段，最后只得了两分。而有些考生则从四个方面来简单回答，轻松得到了八到十分。

阅卷老师的核心关注点，并不是论述有多充分，而是看是否全面。一个方面的意思写一条，然后每条论述三行字左右，足矣。当然，这是适用高考与考研公共课答题，不适用于考研专业课答题。考研专业课考察专业知识的掌握程度，必须论述得条理清晰、论证充分，有理论深度。

有些同学可能会存在疑问，我怎么知道哪四个点是踩分点呢？

在这种情况下，你可以选择多写，尽可能地把踩分点包括进去。比如十分的题，你可以写六七个相关的点。

踩点给分所衍生出来的一个规则是，多答不扣分。所以，特别提醒同学们的是，如果你觉得之前所答内容不够准确甚至不对，请不要用一个大叉把这些都删掉。

遗憾的是，这种情况在阅卷时经常遇到。

有些考生最初已把踩分点都答到了，可以拿八九分。但不知为何，他们果断把这些答案全部划掉了，然后，在旁边很认真地写了一个只能够拿一两分的答案。这时，阅卷老师想给你多打分也没办法。

如果你觉得之前答得不好，此时，正确的处理办法是，不要划掉，直接在旁边加上你认为更好的答案就行了。

否则，一个大叉可能划掉了自己的大好前程。

再重复一句，高考阅卷与考研公共课阅卷时，答对给分，答错不扣分。答错不扣分，切记。

阅卷时，老师会不会给辛苦分？

通常情况下会给。

考生在不知道如何作答时，如果写上几排与之相关的内容，即使这些内容都没有包含在踩分点内，阅卷老师通常也会给一到两分的辛苦分。

踩点给分的阅卷机制，给数学计算题答题最大的启示就是，在答题空间允许的情况下，尽量把推演过程呈现出来，哪怕最后结果错了，也能够得到过程分。

字的好坏会不会影响得分？

这是很多考生所担心的，因为绝大部分考生的字实在太一般。

其实不用太担心，字写得是否美观，对于阅卷给分的影响没有那么大。答题时，最重要的是好认，只要好认，即使写得像幼儿园小朋友的字一般稚嫩也没有任何关系。

但是，那种又潦草又小又不好认的字，才最让阅卷老师头疼，会严重影响得分。

当然，如果能够写得美观，那自然是更好。毕竟，人都喜欢美好的事物，阅卷老师也不例外。

但是，练就好字绝非一日之功。所以，考生要努力让自己的字，达到好认这一最低标准。

既然打分存在主观性，那么刚和老婆吵架的阅卷老师，会不会因为心情不好而把分打很低？

介绍一下阅卷的流程，或许能够帮你消除这些疑惑。

阅卷时，每道题会随机同时发给两个老师，这两个老师均不知道对方的打分，最后，此道题的分数是取两位老师的平均分。高考阅卷与考研公共课的阅卷规则，通常会允许两分的误差，当然，作文允许的误差范围更大。

例如，一道十分的题，如果张三老师打了八分，李四老师打了六分，那么系统会取两者的平均分，即七分。

如果张三老师打了八分，而李四老师打了五分，此时误差超过二分，那么，系统会自动将该份试卷发给阅卷组长评判。

阅卷时，阅卷组长那里会实时监测阅卷的众多指标，可以看到每位阅卷老师打分的松紧度。当某个老师打分过松或过紧时，组长会提醒他对尺度进行适度调整。

此外，阅卷组配备质检员，会对阅卷的情况随时进行抽查。

一言以蔽之，各种技术手段与人工手段的结合，会最大可能地把阅卷老师的自由裁量权减少。

不否认存在极个别不负责任的阅卷老师，但是，绝大部分阅卷老师都会客观公正地判卷，因为我们都知道，自己手中，掌握着考生的命运。

当你历经了艺考与文化课考试的考验，终于把脚步迈进了顶尖艺术院校，意味着什么呢？

最显而易见的是，学院派代表着专业与权威，无论你是文学、导演、摄影、编导、表演、播音主持还是其他专业，在学校里均能够接受系统的训练。

这种经历将为你以后的艺术人生打造强劲动力。

正由于学院派的强大影响力，当你进入这些艺术院校之后，就无形中获取了大量的资源，很轻松地完成了人脉的积累。

人脉意味着机会。

许多导演喜欢直接在艺术院校里面找演员，通常会让导师或者学生推荐。如果你恰好和推荐人熟识，那么，机会的获取便相对轻松。

当然，能否把这些隐形的人脉变现，还与你个人的能力相关。

虽然学院派拥有相当多的资源，但是，这并不意味着星路坦荡。从国内娱乐圈一二线明星来看，学院派并非占压倒性优势，草根派似乎占据半壁江山，甚至可能更多。

众多草根派明星并不具备学历与专业上的优势，但是，能够在娱乐圈如鱼得水，很多学院派反而长期混迹于十八线。

为何会出现这种矛盾的格局？

从学院派与草根派的对比来看，学院派理论基础强，台词功底扎实，有着自己的表演套路，往往代表着艺术的正统。

而草根派往往意味着野路子。从专业的视角来评判，这些野路子可能根本不入流。但是，野路子通常意味着没有固定的套路，这样反而容易不时给观众带来惊喜。

学院派与草根派，一个居庙堂之高，一个处江湖之处，前者与公众有距离感，而后者则更接地气。

真正的演员，眼神中有生活的酸甜苦辣，表情中有人生的悲欢离合。这份沧桑感，显然并非能从书本中轻易获取，而是需要靠生活的历练与人生的沉淀。

这也就解释了，为什么很多营销员研究了很多营销理论，但还是推销不出东西，为什么很多博士读了很多书、明了很多理，但还是过不好这一生。

在中国娱乐圈，草根派风头很劲，甚至超过学院派的另一个重要原因在于，演员与明星是有区别的。演员与明星，虽然都是娱乐圈的公众人物，但是不同的称谓代表着不同的评判标准。

演员靠演技生存，追求专业素养，有自己的代表作，在某一领域具有一定的话语权。

而明星是靠曝光率生存，追求形象包装，所以，颜值对于明星相当重要。这也是明星喜欢跨演艺圈、时尚圈的原因，因为这几个圈子有很强的粉丝经济属性，而对于粉丝经济而言，颜值是硬通货。

曝光率几乎决定了明星的生与死。

为了维持话题热度，明星通常会传出各种绯闻、进行各种炒作。如果明星一段时间不曝光，媒体与公众关注的焦点可能就会被其他小花小生抢走了。

而演员对此则不用过于担忧。只要演员的演技在，即使退隐江湖一段时间，将来靠作品重出江湖时，定能再次赢得观众喝彩。

明星主演的作品，通常会出现口碑与票房两极分化的状态，口碑差是因为演技拙劣，而票房高则缘于强大的粉丝消费力。

演员主演的作品，通常会口碑佳，票房可能高，也可能不高。

其实这是正常现象，因为，真正的艺术，往往是曲高和寡的。

童星初长成

湖南广播电视台播出的《小戏骨：白蛇传》（2016）、《小戏骨：红楼梦》（2017）在网络爆红，网友被小演员们的精湛演技所折服，纷纷称赞该剧可作为娱乐圈许多当红小花小生的教学视频。

这两部剧的走红，也让社会对于童星的成长多了一些期待。

在"出名要趁早"的理念感召下，越来越多的小孩投身娱乐圈。

小孩父母们心态各异，有些是看中明星在舞台上光鲜、吸金快，有些是因为小孩有很强的兴趣与表现欲，还有些父母纯属跟风，花钱让小孩体验一下不同的生活。

虽然心态各异，但有一点是相同的，那就是都期待自己的小孩能够火。

童星在一定程度上是靠老天赏饭吃。有些小孩从小就长相乖巧、甜美，扮得了公主，卖得了萌，这样的小孩在现在这个看脸的世界，显然天生就容易受到欢迎。

如果具备了颜值上的优势，那么她们就赢在起跑线上了。当然，如果颜值上不具备优势，还可走实力派路线。

童星出道的途径日益多元化。

如果父母拥有很好的资源与人脉，如星二三代等，可以选择参加综艺节目，尤其是芒果台等一线电视台的明星亲子互动真人秀，这很可能会让小孩迅速爆红。

如果没有足够的资源，可以选择其他方式，比如，给淘宝店做模特，培训小孩的舞台感觉等，或者报名参加正规的选秀活动。

互联网给小孩的成名创造了更多的可能。

有些父母把小孩的照片与视频，放到微博等社交网站或美拍等视频网站上，慢慢吸粉。表情包大王宋民国，在参加综艺节目获取一定知名度后，凭借一些日常生活的照片与视频大量吸粉，一直维持很高的热度。

当然，虽然颜值对于童星相当重要，但是，光有颜值是不够的，况且很多小孩并没有颜值这一先天性优势。

颜值不够，才艺来凑。

很多有意将小孩往娱乐明星方向培养的父母，奔波于各种艺术培训班。

有些培训机构具有很好的师资与演艺资源，小孩们能够接受优秀的表演、舞蹈、声乐、形体等训练，之后有机会参加广告拍摄甚至电影、电视剧拍摄。

同时，也有不少公司利用父母急于让小孩成名的心态来骗钱。

常用的套路是，公司举办童星海选。为了证明海选的严格性，通常还会举办多轮面试，最后他们会通知你，经过激烈的竞争，小孩通过面试了，当然，小孩还有一些不足，但是，这些不足可以通过公司的培训解决，公司能够提供各种演出机会，让小孩走红。

公司在对父母进行洗脑后，便让交钱。但是交钱之后，培训跟不上，资源更是没有。偶尔有几次广告机会，可能只是淘宝小店的广告模特。或者，让小孩参演了一部微电影，但是，该电影根本没有院线上映的资格。

童星市场竞争激烈，童星的发展也充满着不确定性。

靠颜值走红的童星，长大后存在长残的风险。或者说，小孩并未长残，但是，社会对于童星的审美标准变了。

比如，胖乎乎的小孩，我们会觉得很可爱，恨不得捏几下小脸蛋。但是，小孩长大后，如果继续这样胖乎乎，那么，应该就不会如此受欢迎了。

此时可能锥子脸、魔鬼身材才是正道。

唱歌走红的童星，经历了青春期变声之后，少了小孩声音的空灵，可能变得毫无特质了。

靠才华走红的童星，如果不能够进行知识的持续输入，长大后可能面临江郎才尽的窘境。

凡此种种，说明童星可能小时了了、大未必佳，最终泯然众人矣。

有一些童星是自身主动转型，将生活重心转移到学业或者其他事业上，渐渐离开了娱乐圈，淡出公众视线。

狂人尼采说，"知道为什么而活的人，便能生存。"

童星成名路上，有鼓掌声，也有巴掌声，家长与小孩要知道为什么而追梦，才能更从容地走下去。

小孩心智还未成熟，能否承受得了这么多赞美或者批评、诋毁？

社会本来很复杂，过早地接触社会，会对小孩三观的塑造产生怎样的影响？

许多童星爆红后，又慢慢过气，难以再红起来。这种巨大的落差，小孩是否能够淡定地接受？

小孩是真正享受表演，还是只是被动地接受父母的安排而已？

如果花费了大量时间与金钱，仍然走红不了，家长与小孩能否接受这一结果？

思考与回答这些问题，她们才会在童星路上走得更理智与淡定。

网剧的想象力

《太子妃升职记》的火爆与张天爱的蹿红，代表着网剧时代已经来临。

互联网的魅力在于，能够解构一些传统的行业规则，重塑新的竞争格局。

正如网约车的发展，打破了多年来的传统出租车行业垄断一样。

传统出租车市场有打车难、拒载频繁、空驶率高等诸多痛点，而网约车恰好能够解决这些痛点。

同理，网剧之所以能够高歌猛进、异常火爆，并吸附大量资金进入，也正是由于其解决了传统影视市场的痛点。

传统影视市场最大的痛点在于题材的陈旧化。

这些年来充斥在银幕的，主要是一些宫斗剧、婆媳剧、抗战剧，而且各卫视的作品高度相似，作品的受众主要集中于一些特定的年龄段、性别、职业等。

显然，这些陈旧题材不能够满足年轻人的需求。

这种未满足的需求，便是痛点之所在，也是网剧最大优势之所在。

网剧的题材范围相当广，如推理、穿越、科幻、盗墓、网游、悬疑、魔幻、犯罪等，都囊括其中。

这些题材的受众主要是80后、90后、00后，职业以学生、年轻白领为主，这类群体正是互联网上最为活跃的群体。

所以，网剧的市场定位相当精确，能够很好地契合年轻人的审美趣味。

网文的蓬勃发展，为网剧的发展奠定了强有力的基础，许多网文拥有大规模忠实粉丝，这些都是网剧的流量保证。

有一些大的 IP 还能够分裂出小 IP，比如《老九门》便是从《盗墓笔记》中衍生出来。

网剧的火爆，与广电总局在审查尺度上的宽松密切相关。

传统的电视剧有着很严格的审核标准，在题材选择、情节设计等方面具有诸多限制，而且层层审核的长周期，需要花费不少时间成本。

而网剧的审核则宽松得多。

从广电总局的表态来看，现在对于网剧是持包容发展的态度，虽然名义上要求线上线下采用统一审查标准，但是在具体执行上，是让有资质的网站根据规定自审自播，网站的自审员接受总局的培训与考核。

显然，这一做法给网剧的发展创造了充分的空间。

自审自播的方式，给了视频网站充分的自主权，于是，现在有很多网站为了吸引流量，便倾力打造各种低俗、恶俗题材。这些三俗题材的泛滥，简直是在变相呼吁广电总局进行严管。

行业经历野蛮生长之后，会步入规范期。

规范发展既与行业的自我净化有关，也离不开政府部门的管理，这是普遍规律。

互联网有一个天然的优势，就是与用户更为亲近，能够对于用户的需求快速进行感知与反应，网剧也传承了这一优势。

在流量为王的互联网时代，网剧与传统电视剧之间、网剧与网剧之间的竞争，归根到底仍然是内容之争。

只要真正有高品质的内容，就能够吸引流量，并培养高粘度粉丝。

针对传统电视剧在内容方面存在的最大痛点，网剧首先是在题材上发力。

一个新颖的题材，就能够为网络吸引不少粉丝。所以，似乎请不请明星没有那么重要。

当然，更关键的原因是，许多网剧的制作预算太少，请不起明星。

这也恰好给许多不知名十八线草根艺人一个发展契机。

因为卫视上所播放电视剧的主角，往往被一线、二线明星所垄断，新生力量严重缺乏戏份。

在发展早期，网剧的制作成本往往较少，以致有些剧组自我标榜为最穷的剧组，大肆宣传各种五毛钱特效、淘宝同款服装。其实剧组再穷也不会沦落至此，这只是一种示弱营销而已。

不过同时，制作经费投入不足的确是一个问题。

因为，在《太子妃升职记》爆红之前，网剧似乎只是一种非主流式存在，投资方并未对其表现出明显的重视与偏好。

之后，许多影视公司才突然意识到，原来网剧也可以火爆到如此程度，能够具备如此强大的造星能力，于是纷纷进入网剧这一蓝海。

同时，许多一线明星也开始接手网剧。

网剧有很强的造星能力，现象级网剧让张天爱这样一个十八线明星爆红，可见，网剧不只是能够激起小水花。

所以，网剧也是一个很好的出道途径。

第七辑　人在贵圈

想象的共同体

人是典型的群居动物，于是，人以群分。

于粉丝而言，粉丝圈是一个想象的共同体。

认同，这一最为关键的要素，成为把不同年龄段、不同职业、不同性格的异质化粉丝凝聚在一起的核心纽带。

社会认同理论是社会心理学里解释群体行为的重要分析工具。

社会认同理论由泰菲尔提出，他认为，社会认同是个体认识到自己属于特定的社会群体，同时也认识到自己作为群体成员的价值与意义所在。

之后，社会心理学学者在此基础上提出了自我归类理论，该理论的核心思想是，人们会本能地将自己划分为某个特定的群体，并通过口号与行动，来显示出自己对于该群体的忠诚。

某一个体可能会存在个人认同、角色认同、群体认同等多种认同。

个人认同是个体对于自身的行为、价值观的认可程度，有些个体会认为自己是具有独立的人格，而有些个体则喜欢将自己依附于偶像。在她们的价值观中，偶像就是一切，偶像能够影响她们的喜怒哀乐。

人是处于各种不同的社会关系中，不同的关系意味着不同的角色认同。

粉丝们在家庭中是父母的乖女儿，在学校是老师的学生，在爱情中是男朋友的女朋友，在粉丝圈则是偶像的粉丝。

不同的角色，意味着有不同的权利、义务与责任，在有些时候，这些角色之间可能存在一些冲突。

父母与老师会希望你把精力更多地投入到学习中，他们会认为追星是不务正业。男朋友可能难以接受你对偶像如此痴迷，从而让感情中的他没有了存在感。

也许你作为女儿、作为学生与作为女朋友，能够理解父母、老师与男朋友的期待，但是，一旦进入粉丝圈，可能就会有一些与这些期待相左的行为。

你也许会变得不听父母的话，上课时心里想着偶像，会幻想偶像是自己男友该多好。

群体的认同是粉丝圈的纽带。

喜欢上偶像、加入粉丝圈之后，意味着粉丝认同该群体。当然，认同该群体，并不意味着赞同该群体的所有价值观与行为。

有相当多粉丝会加入粉丝圈，但是，有些粉丝圈水很深、戾气重、喜掐架，这是很多粉丝所厌恶的。

群体认同可能会发生变化。

当粉丝喜欢上某一明星后，容易对该明星的粉丝圈产生认同。但是，如果该粉丝因为一些原因而不再喜欢了，并爱上了另一明星，那么，她便会将群体认同转移到另外一个粉丝圈。

群体认同主要有社会类化与社会比较两大阶段。

在社会类化的阶段，个体会将自己归于某个群体里面。其实我们每个人都会自然不自然地自我类化，如我是男人、我是学生、我是儿子、我是作者等，不同的维度可以划分出不同的类别。

每个粉丝会把自己归类于不同的粉丝圈，她们会意识到，不同的粉丝圈是不同的，粉丝圈之间最大的差异在于偶像这一精神领袖不同。

所以，粉丝们喜欢用的词汇是"自家"、"他家"、"我家偶像"、"我们家偶像"，这正是粉丝社会类化的结果。

身份认同会带来焦虑感。

在社会比较阶段，个体会把自己所在群体的权力、资源、声望、社会地位等，同其他群体来进行比较。

所以，各个粉丝圈之间的明争暗斗相当激烈，各家粉丝无时无刻不在进行相互比较。

由于偶像是每个粉丝圈的精神领袖，因而，粉丝圈之间的比较，往往会围绕偶像来进行。哪家偶像的数据更好看，就代表商业价值越高，从而粉丝圈的粉丝就会越有面子。

如果某个粉丝圈在社会比较中居于不利地位，那么，个体就会积极采取一些措施来维护团体的面子。

每一个体都不会轻易言败。

因为，团体的尊严就意味着个人与集体的荣耀，更是关乎偶像这一精神领袖的尊严。

显然，粉丝圈的粉丝是舍不得自家偶像受一点点委屈的。

她们会呼吁大家一起为偶像投票、转发评论、贡献票房、买广告代言，同时，还会制作文案、视频等，来推荐偶像，替偶像圈粉。

她们有很强的危机感，时刻关注着媒体所公布的明星排行榜，一旦偶像的排名有所下降，她们的斗志便会被激发。

群体认同的最直接结果，就是会让身处其中的个体，产生"我们"与"他们"的区分，即圈内人与圈外人的区分。

粉丝会对"自家"产生极强的认同感、归属感与依赖感，她们会有一种很强的粉丝圈内偏好与粉丝圈外歧视，这是一种群体中心主义倾向。

粉丝热衷于维护自己所在的粉丝圈，而对其他粉丝圈保持着一种警惕、不友好甚至敌意。尤其是咖位差不多的明星之间，存在着直接的资源竞争关系，从而，粉丝圈之间紧张情绪分分钟会转化为掐架。

此时，粉丝们会全力以赴为集体荣誉而战。

粉丝圈这一想象的共同体，既如乌合之众又富有组织性、既温暖又病态、既虚幻又真实。

粉丝名，一个群体的标签

作为社会中的个体，名字对我们来说相当重要，它是伴随我们一生的标签，而粉丝名字则是一个群体的标签，其重要性自然不言而喻。

随着粉丝文化的发展，各家粉丝都有自己的名字。

其实以前的粉丝一般称为影迷、歌迷、戏迷等，或者统称为追星族。在2005年《超级女声》大火之后，粉丝起名字成为一种流行。

粉丝名字最重要的价值，在于给粉丝们塑造一个认同感与归宿感。当粉丝给自己贴上某家粉丝标签时，该群体的荣耀或者丑闻，都与每个粉丝息息相关。

通常情况下，粉丝名称有两个来源。

官方起名是其中一个来源，韩国一般采用这种形式。因为韩国的娱乐产业发达，对于明星的形象、发展路径、应援等，都有一套明确的做法，当然，粉丝名字也不例外。很多明星在出道时，粉丝名字会一并公布。

国内很多明星的粉丝名字，是自发形成的。

这些粉丝群体通常会有多个名字，后来随着粉丝的增多，她们会从众多名字中选择一个。而选择的方式有多种，有些是偶像称呼粉丝时采用了某个名字，或者受经纪人认可了的，也有些是粉丝圈大大们通过组织粉丝投票而产生。

总体来看，粉丝的名字一般采用隐喻的方式，即用一个象征单位，来比如另一个象征单位，而隐喻的基础，是相似或者相邻。

具体来看，各种粉丝名就是百花齐放了。

最为简单粗暴的起名方式，是明星加粉丝。

如鹿晗的粉丝叫鹿饭，不过有些鹿饭还有另外一个名字，叫芦苇，代表只喜欢鹿晗一个。

采用明星名字中的某个字或者某个字的谐音，是最简单明了也最普遍的方式。

如李宇春的粉丝叫玉米、黄景瑜的粉丝叫护鲸团、许魏洲的粉丝叫白粥、张翰的粉丝叫汉堡、杨洋的粉丝叫羊毛、刘诗诗的粉丝叫小狮子、胡歌的粉丝叫胡椒、赵丽颖的粉丝叫萤火虫、王源粉丝叫汤圆、易烊千玺粉丝叫千纸鹤、郑爽的粉丝叫正版、王凯粉丝叫王妃等等。

有些粉丝的名字缘于偶像的作品。

张杰的成名曲是《北斗星的爱》，所以，其粉丝称为星星，喻意为偶像是大北斗，而粉丝是向着北斗的星星。《女皇》是陈伟霆的代表作，所以，其粉丝称为女皇。TFBOYS 有一首歌曲叫《Heart》，其中有一句歌词为"四叶草在未来唯美盛开，现在只要你做我的花海"，所以，该团体的粉丝叫做四叶草。

有些粉丝的名字则缘于偶像的某句话或者某些故事。

吴亦凡的粉丝叫梅格妮，是因为吴亦凡曾对粉丝说过"我喜欢你，每个你"，不过"每个你"太普遍，于是采用谐音"梅格妮"。王俊凯的粉丝叫小螃蟹，缘于其小时候爱吃螃蟹。华晨宇的粉丝叫火星人，是由于华晨宇在快男海选时唱了一首无字歌，有"火星文"的味道，后来被媒体称为火星弟弟，其粉丝则命名为火星人。

粉丝命名的方式在不断迭代。

最开始的时候，起名的主流是与食品产生关联，如玉米、凉粉、盒饭等。这是因为味觉能够让人产生美好的体验，同时，在民以食为天的国度，用存在于千家万户之中的食品命名，容易让人产生一种天然的亲近感。

近年来，粉丝圈文化发展迅速，粉丝命名的方式日益多元化。越来越多的粉丝以动物或植物命名，食品不再是主流。这些动物通常很可爱，比如羊毛、蜜蜂。

慢慢地，粉丝名字也成了各家粉丝的竞争。

她们力争把名字起得有内涵、有品位，同时，在其中寄予自己的某些期待。如女皇、王妃、仙后等，可尊贵、可霸气，抑可浪漫。

我们从这些名字中可看出，追星的粉丝中绝大部分都是女生，要是一个男粉丝自称女皇或王妃，那违和感不敢想象。

同时，粉丝命名要有辨识度，不要撞名。杨幂的粉丝叫蜜蜂，李易峰的粉丝也叫蜜蜂，这样就容易让人产生混淆。

一旦有一个好听、好记、时尚、有品位、有辨识度的名字，粉丝就赢在了起跑线。

温情的粉丝圈

粉丝圈是一个温情的圈子。

一群陌生的人，出于对同一个人的爱而结缘，成为志同道合的朋友，用温暖抵抗这个世界的悲伤、敌意与孤独。

在入坑之前，她们相互不认识，不同的城市、不同的年龄、不同的职业，但是，加入了粉丝圈之后，她们有了同一个标签，就是偶像的粉丝。

粉丝圈里的粉丝们会慢慢变成闺蜜。如果一群女孩能够从相互完全陌生，迅速成为亲如姐妹的闺蜜，那么，很可能她们是由追星走到一起的。

她们对偶像有着同样的爱，有着相似的成长历程，都需要面对社会对于追星这一行为可能存在的恶意。

有时候，她们甚至会觉得粉丝圈的小伙伴就是另外一个自己，只是处于另外一座城市而已。

虽然外人不懂我们，但至少还有我们自己能够惺惺相惜。

人类的孤独，是产生集体主义的重要条件。

许多孤独的粉丝，通过追星来寻求认同感与归属感。

粉丝圈小伙伴之间的联系，使得现实中孤独的人，找到了一个心灵的归宿。追星的女孩中，有相当多是独生女，在粉丝圈中，她们感受到了集体的温暖，仿佛多了很多兄弟姐妹，五湖四海皆家人。

原本没有交集的一群人，因偶像而走到一起，一起哭一起笑，一起为了偶像而努力，这种友谊纯粹而美丽。

来自天南海北的小伙伴，因为同样的爱而走到一起，本来就是一种缘分。她们一起相互倾诉、抱团取暖，偶尔会一起来一场说走就走的旅行。

虽然有时粉丝之间难免会有一些摩擦，但是，正是这些摩擦使得粉丝圈的友谊显得弥足珍贵。

在粉丝圈这一大家庭里，粉丝能够获得很强的参与感，她们不再是孤军奋战，而是一堆志同道合的朋友在一起奋斗，并取得一些标志性成就。

如鹿晗单条微博评论数过亿，创吉尼斯纪录，这一纪录不仅仅属于鹿晗本人，而是整个粉丝圈的集体荣誉。

感谢追星路上的你们。

有信仰，不颓废；有粉丝圈，不孤单。

异化的粉丝圈

在《人生的智慧》中，叔本华睿智地论述道，"我们其实只有两种选择：要么是孤独，要么就是庸俗。"

当独处时，我们可以遵照自己的意志行事，成为自己。但是，一旦为了融入某些群体，或者已经完整地融入某些群体，就容易放弃自我，变得庸俗。

对于诸多粉丝而言，粉丝圈就是这样一种存在。

因为，除了温情之外，粉丝圈还存在病态的一面。相信很多混粉丝圈，抑或不混粉丝圈的粉丝，都会有粉丝圈好乱的感觉。

粉丝圈水，深似海，长期浸淫其中，可能会让脑子进水，从而变成合格的脑残粉。所以，粉丝们走得最坎坷的路，就是粉丝圈的套路。

粉丝圈似乎早已没有人们想象中的平静与美好。

有人的地方，就会有江湖，更何况是女人多的地方。所以，粉丝圈的复杂程度不亚于娱乐圈，或者更准确地说，粉丝圈本来就是娱乐圈的一个重要组成部分。

无掐架，不粉丝圈。

粉丝圈弥漫着阴谋论，充满着掐架。

粉丝圈之间掐架、团粉与唯粉之间掐架，撕团队、撕合作对象、撕绯闻女友等。很多粉丝年龄小，三观正处于形成之中，极易被煽动，一言不合就开撕。

总之，掐架似乎成了粉丝圈的标配，粉丝圈和平简直是痴人说梦。

哪怕是那些平均年龄较大、平时看起来格调很高的粉丝圈，真正等到出事的时候，粉丝分分钟就开启了泼妇骂街模式。

人，一旦过于迷恋了，智商与情商就会变成负数，从而，把素质与三观早已抛弃在九霄云外。

粉丝圈存在一些不正常的价值观。

粉丝之间攀比严重，谁出钱更多，参加演唱会更多，见偶像更多，谁就更有话语权，而那些不花钱，或者花钱不够多的粉丝，便会被剥夺话语权。

粉丝圈流行论资排辈，很多老粉不是努力帮新粉融入粉丝圈，而是在新粉的面前摆谱，习惯以一种居高临下的说教姿态来对待新粉。新粉稍有做得不妥的地方，便会被训斥。

老粉喜欢拿资历说事，我在你们的前面入坑，你凭什么不听我的？你赶快给我脱粉吧！

粉丝圈的种种乱象，说明它只不过是乌合之众而已。

强烈推荐各位粉丝看两本社会心理学方面的经典学术著作，其一是《乌合之众》，其二是《狂热分子》。这两本书通俗易懂，里面对于群体的特征分析得淋漓尽致，可以完美地解释为何现在的粉丝圈会如此病态。

从年龄、学历、职业、男女比例上来看，粉丝圈有同质性与异质性之分。

有些粉丝圈可能同质化程度较高，如有些流量小生的粉丝群体中，可能很大一部分是小学女生。

有些粉丝圈可能异质化程度较高，如对于年龄较大的实力派演员而言，其粉丝圈可能既有小学女生，也有大叔级的男人，其职业有学生、白领或者公务员等。

但是，这些具有异质性的个体，在加入粉丝圈后，在思想观念方面容易变得同质化。

《乌合之众》的作者勒庞在分析中明确指出，"一个心理群体所表现出来的最惊人事实是：无论构成该群体的个体是什么人，无论他们的生活方式、职业、性格或智力是相同还是不同，只要他们形成群体，他们就会获得一种集体心理，支配他们的感受、思考和行动，与他们作为独立的个体时感受、思考和行动的方式大相径庭。"

的确，在加入粉丝圈之前，每个粉丝都是一个个独立的个体，她们有着自己的思考与认知，有自己成熟或者不太成熟的价值观，这种价值观是独特的。

但是，一旦在她们加入了粉丝圈之后，其身上的很多个性都会消失，取而代之的是群体的一些共性。

当然，这种个性消失，并不是说她身上完全没有了，而是指她身处粉丝圈的时候，这种个性就被压抑了，从而被粉丝圈的价值观所支配。

入坑越久，中毒越深。

勒庞指出，"在群体中，每种感情和行动都有传染性，其程度足以使个人随时准备为集体利益牺牲他的个人利益。"

很多粉丝本来很理智，但是，一旦她入戏太深，受到了粉丝圈大大的煽动，便会抛弃她原本所具有的修养，而加入到掐架中来。

因为，在情绪的感染下，她仿佛被催眠了，其独立人格与思辨能力消失，从而产生盲从行为。

最终，她不再是她自己了，而是变成了一个不再受自己意志所支配的玩偶。

这种情况很可怕，但又十分常见。

孤立的个体与粉丝圈里的个体，存在着相当大的反差。

当粉丝是孤立的个体时，她有学识、懂修养、充满爱心，是个好女儿、好学生、好朋友。但是，她一旦加入了粉丝圈，这些素质便会被各种病态的因素所取代，于是，她整天奋战在掐架第一线，时常问候别人的家人。

有些自我控制能力强一点的粉丝，能够在粉丝圈之外与粉丝圈之中这两种不同的状态中任意切换，从而呈现出双重人格。

而自控能力差的粉丝，则容易把粉丝圈中的戾气，带到粉丝圈之外，变成了朋友所讨厌的负能量之源。

勒庞认为，群体与原始人类似，具有冲动、易变和急躁的特性，自我控制能力差，而且特别容易轻信。

粉丝们普遍都有被害妄想症，整天觉得全天下都有可能是偶像的敌人，只有自己才是对偶像最好的人。

在这种心理的暗示下，营销号或粉丝圈大大稍微一带节奏，如传言经纪团队打压偶像，或者某明星抢走了偶像的资源，粉丝便会深信不疑，从而护主心切，加入到掐架中。

这种心理暗示是一种集体幻觉，是群体的典型特征，身处其中的个体均易受到影响。

"从他们成为群体一员之日始，博学之士便和白痴一起失去了观察能力"。

在勒庞看来，群体的感情极其简单且极端，"提供给他们的各种意见、想法和信念，他们或者全盘接受，或者一概拒绝，将其视为绝对真理或绝对谬论"。

这是非常可怕的。

新闻传播学里有学术名词叫"群体极化"、"沉默的螺旋"，正是描述这种状况。

价值观本来是多元的，但是，经过群体极化之后，许多理性的声音会被压制与淹没，某一种观念便会在群体内占据主导地位，一切与此观念不吻合的观念，都会受到压制与批判。

粉丝圈的价值观奉行偶像是完美的，再尴尬的演技，也会被她们吹捧成演技炸裂。

身处粉丝圈的粉丝易被这种粉丝圈文化所洗脑，她们接受不了任何不同的声音，哪怕路人只是在客观地评价其偶像的演技，也会被喷得很惨。

所以，在明星贴吧里，吧主只能够接受赞美偶像的帖子存在，否则就会选择删帖。

在有关明星的微博下面，粉丝不能够删帖，此时她们会选择控评，路人不再敢轻易评论。

要是谁像《皇帝的新装》里那个小孩说了实话，那简直是作死，只能坐等粉丝的强行掐架了。

社会学家霍弗在《狂热分子》一书中指出，"当我们在一个群众运动中丧失了自我独立性，我们就得到一种新自由——一种无愧无疚地去恨、去恫吓、去撒谎、去凌虐、去背叛的自由。"

这么可怕的粉丝圈，这样极端的氛围，与邪教何异？

《乌合之众》分析了群体领袖，即我们通常所言粉丝圈大大。

勒庞指出，一切群体动物都有着服从头领的本能需要。不管是人还是动物，一旦聚集在一起，都会本能地把自己置于头领的统治之下。

粉丝圈大大就是粉丝圈这一群体的核心。她们通常会具有较高的威望，当然，她们的这种威望不是与生俱来的，有可能是因为入坑早，有可能是组织能力强，能够凝聚粉丝圈，也有可能是经济实力雄厚，替偶像花钱多。

在某种程度上，粉丝圈大大的理性程度直接决定了粉丝圈的理性程度。

有些粉丝圈大大垄断粉丝圈的话语权，她们习惯于搞事情，喜欢带节奏，拿一些傻白甜粉丝当枪使。同时，她们善于在粉丝圈营造一种草木皆兵的氛围，把他人都看成极可能对偶像产生伤害的人来对待。

经纪团队、营销号、合作对象等，都被粉丝圈当成假想敌，这样的假想敌是"一个理想的魔鬼"，该魔鬼无所不能、无处不在。

如果偶像遇到了困难，或者发展不佳，那便是这些假想敌在作怪；如果偶像发展顺利，那便是偶像努力的结果。

换言之，理想的魔鬼成了理想的背锅侠。

粉丝圈大大一般都善于运用仇恨这一武器。

霍弗在《狂热分子》中指出，"在所有团结的催化剂中，最容易运用与理解的一项，便是仇恨"。仇恨是最为有力的凝聚剂，共同的仇恨则可以凝聚异质性程度较高的成员。

虽然粉丝的年龄、学历、职业、爱好、价值观等存在差异，但是，处于粉丝圈中的她们在面临同一个敌人时，会团结起来对抗外敌。

恨，往往比爱更具生命力，也更具煽动性。

当然，这一敌人可能是假想敌，比如营销号故意放出消息，说某明星抢了她们偶像的资源，粉丝便会被调动起来，把攻击的矛头对准该明星。

正是仇恨这一武器的频繁运用，使得粉丝圈充满着戾气，一些傻白甜不是在掐架，就是在赶往掐架的路上。

粉丝圈水太深，入圈需谨慎。毕竟，白沙在涅，与之俱黑。

粉丝圈的种种戾气，会让你慢慢偏离追星的初心。许多粉丝混粉丝圈久了，就被带偏了，变得喜欢掐架，极具虚荣心与攀比心。

粉丝应该明白，追星本来就是图个开心，而粉丝圈的本质是为了给追星的粉丝们创造一个交流的地方。所以，混粉丝圈要带脑子，自觉抵制掐架、抵制到处树立假想敌。

如果粉丝圈戾气太重，那么，请做一枚安静的小透明，只饭偶像不粉丝圈。

要么融入粉丝圈一起堕落，要么做一只特立独行的猪。

粉丝圈鄙视链

社会学家韦伯在《学术与政治》中说，"虚荣是一种十分普遍的品性，大概没有人能完全摆脱它。"

粉丝圈里之所以鄙视链盛行，在一定程度上，正是人骨子里的虚荣在作祟。

粉丝追星但不敢告诉别人，怕别人说自己脑残？粉丝喜欢某个偶像不敢声张，怕别人说自己的偶像不够高端？这种心理的产生，就是由于娱乐圈存在所谓的鄙视链。

在当前社会认知下，追星被很多人认为是不理智甚至脑残的行为，如果告诉别人自己追星，即使你是一枚高素质理智粉，也很容易被贴上脑残粉的标签，这就是社会对于粉丝圈的鄙视。

而在粉丝圈内部，也形成了各粉丝群体之间的鄙视。

整体上来看，粉丝圈呈现"欧美饭——日饭——韩饭——港台饭——内地饭"的鄙视链，欧美饭居于鄙视链的顶端。

当然，该鄙视链处于不断演进之中。

对于港台饭与内地饭而言，前些年港台的娱乐业发达，发展水平远超内地，当红明星里港台明星不止占据了半壁江山。

但是，风水轮流转。

近年来内地娱乐业发展迅速，尽管还不够成熟，但是，各种选秀节目、综艺节目等制造了大量内地明星，现在一二线明星中，港台明星的数量与比例明显减少。

港台娱乐圈的影响力逐渐式微，从而，港台饭与内地饭之间的鄙视链现在已逐渐消失了。

内地饭之间也存在着鄙视链。

比如学院派明星的粉丝，就会自认为比凤凰传奇等草根派歌手的粉丝高端。

即使饭同一明星的粉丝圈内部，也同样会存在着鄙视链，只是这些鄙视不再是因为偶像而产生，而是缘于花钱多少等其他维度。花钱多的粉丝喜欢鄙视花钱少或者没有花钱的粉丝，并认为不花钱则无话语权。

其实鄙视链不仅仅存在娱乐圈，整个社会也是鄙视链泛滥，粉丝圈鄙视链只是整个社会鄙视链的一个具体表现。

说法语的人鄙视说英语的人，用苹果手机的人鄙视用国产小米或者华为手机的人，玩知乎与豆瓣的人，鄙视玩贴吧与 QQ 空间的人。

大学里存在的鄙视链可能为"清北——985——211——普通一本——二本——三本——专科"，而某个大学内部也存在着鄙视链。

钱钟书先生在《围城》中就曾调侃道，"在大学里，理科学生瞧不起文科学生，外国语文系学生瞧不起中国文学系学生，中国文学系学生瞧不起哲学系学生，哲学系学生瞧不起社会学系学生，社会学系学生瞧不起教育系学生，教育系学生没有谁可以给他们瞧不起了，只能瞧不起本系的先生。"

鄙视链的核心是一种优越感。

鄙视链的心理基础，就是通过主观上贬低别人来抬高自己，从而获得优越感与自豪感。

优越感的产生可能来自于某种偏见，这种偏见已经深深地影响人们的认知。比如社会舆论认为追星是一种不理智的行为，这实际上是社会对于追星的偏见，这种偏见难以因某个粉丝的理性追星而改变。

相反，如果某个粉丝有不理性的追星行为，将会更进一步固化人们的这种偏见。

鄙视链的本质，是根据资源占有的多寡，来评判强者和弱者，然后强者鄙视弱者。

资源的范围很广，包括权力、金钱、知识等。

大学之间的鄙视链主要通过高考分数线的高低而产生，职业之间的鄙视链主要通过进入门槛的高低而产生，社会地位的鄙视链主要通过与权力核心的距离远近而产生。

尽管不同的维度可以产生很多鄙视链，但是总体来看，这些维度可以分为两类，一类是指资源是自己拥有的，如个人财富，另一类是指资源不是自己拥有的，如追星。

人的优越感的确很奇妙。

如果资源是自己占有的，比如开宝马等车的人鄙视开比亚迪的人，这种鄙视尚且可以理解。

而对于追星而言，粉丝并不拥有明星，只是喜欢明星而已，为何这种喜欢也能够产生鄙视链与优越感呢？

由此可见，优越感有时候很廉价。

粉丝圈中鄙视链的产生，与明星所在地域有关系，也与该粉丝圈粉丝的总体特征有关系。

欧美经济水平发达，娱乐业发展相当成熟，同时，欧美文化与中国文化存在着很大差异。

而日韩则不同，它们地理位置与中国接近，更重要的是，都属于儒文化圈，文化的共性较多。

显然，距离越远、差异越大，越容易产生一种神秘感。

鄙视链的产生与粉丝基数也有关系。通常情况下，基数越大，脑残粉就会越多。

来大陆发展的欧美明星并不是太多，所以，粉丝群体很有限。而韩国则不同，韩国的娱乐产业早就瞄准了中国大陆这一庞大市场，在芒果台的大力引进下，韩星纷纷来大陆吸金，于是拥有了大量粉丝。

当然，韩星毕竟还存在语言上的障碍，而这一点对于大陆明星来说显然不存在。所以，大陆明星的粉丝多，脑残粉也自然多了。

越小众的东西，容易显得格调高；越大众的群体，容易出脑残粉。因此，欧美粉便显得有优越感了。

群体间的鄙视缘于群体间差异，这种差异产生于多方面。

比如年龄、经济收入、理智程度、脑残程度、文化修养、学识等。其中年龄是相当重要的变量，因为它会在很大程度上影响经济收入、理智程度等其他因素。

通常，欧美饭的年龄相对较大，经济收入也较好，人相对会比较理智。而许多韩饭、内地饭是小学生，心智不太成熟，三观也正处于塑造期，没有什么经济实力，所以，喜欢选择掐架等方式来表达对于偶像的真心。

类似情况在内地饭内部同样存在。有些大陆明星，尤其是实力派明星，其粉丝较为理性，而许多偶像派小生的粉丝则很疯狂，一言不合就掐架，两言不合就问候别人家人。

当然，我在此只是分析影响鄙视链的因素，并不是说欧美饭皆为理智饭，而韩饭、内地饭都是脑残饭。

每个粉丝群体都有不少脑残粉，微博上见过很多欧美饭的脑残程度远超韩饭、内地饭。

粉丝圈鄙视链是一种幼稚的行为，这种优越感很廉价，可惜，很多粉丝喜欢沉浸其中无法自拔。

其实有些时候，自认为高端的人，才是真正的低端。

人待在一个圈子里久了，便会慢慢对该圈子产生一种认同，进而鄙视其他圈子。

其实，人的认知应该更为全面，等你用心去了解其他粉丝圈后，再来鄙视不迟。

粉丝们，为了不被其他粉丝圈鄙视，请努力提高自我修养吧！

集体行动的逻辑

粉丝不是一个人在战斗。

在粉丝经济时代，粉丝的组织性日益增强。

粉丝的组织化源于 2005 年《超级女声》，在此之前，粉丝基本上处于一个相当分散的状态，缺乏一个明确的组织，更没有团体称谓，而《超级女声》把原本分散状态下的粉丝组织起来。

经过十多年的发展，粉丝圈日益成熟，集体行动的能力逐渐增强。

粉丝圈的集体行动能力与移动互联网的普及紧密相关。互联网使得粉丝圈能够有效突破时空的限制，从而，身处新疆的粉丝能够与身处海南的粉丝并肩作战。

如果缺乏了互联网这一工具，粉丝圈的交流可能仅限于身边的同学、闺蜜等，那样行动力便大为减弱。

事实上，粉丝文化的发展历程与互联网的发展历程相当吻合，而智能手机与移动互联网的迅速普及，也驱动了粉丝文化的繁荣与粉丝经济的崛起。

在社会达尔文主义看来，无论是对于人类还是动物而言，群体之间战斗时，组织化程度高的群体往往更具战斗力，从而打败组织化程度低的群体。

事实也的确如此。

在各大粉丝圈的掐架中，组织化程度越高的粉丝圈显然越容易取胜。

现在各粉丝圈的成员数量庞大，尤其是一些流量小生，粉丝动辄几千万，而世界上很多国家的总人口都不到几千万。所以，把粉丝圈治理好的难度，可能不亚于治理一个国家。

如此庞大的群体能够形成，最为重要的是需要有一个共同的灵魂与信仰，显而易见，偶像便充当了这一角色。在这一灵魂人物的号召下，粉丝圈有着较为统一的价值观，这是粉丝圈凝聚力的基础。

作为领导者的粉丝圈大大与作为追随者的普通粉丝，是粉丝圈里最为基本的组成要素。

对于一个粉丝圈而言，其组织化程度最重要的标志，便是粉丝圈规则，粉丝圈规则是整个粉丝圈成员的行动准则。

粉丝最初的聚集地是百度贴吧，所以，明星贴吧的吧主往往充当了粉丝圈大大的角色，贴吧规则扮演着粉丝圈规则的角色。

明星贴吧的吧主是管理者，负责贴吧的日常管理与粉丝行为的日常引导，包括帖子的置顶、加精、删帖、封禁等。

吧主一般分为大吧与小吧，大吧是贴吧的最高管理者，一般由该吧的创建人或者粉丝圈中威望较高的人担任，小吧则辅助大吧进行管理。

吧主通常是自主报名，然后自我展示，最后由吧友们投票选出，这些大吧小吧就成了粉丝圈的大大。

遗憾的是，虽然所有贴吧都有相应的吧规，但是，很少有粉丝圈制定了自己的规则。

其实贴吧吧规难以胜任粉丝圈规则的角色。

贴吧规则主要是用于规范粉丝在贴吧里的言行，应用面太窄，更何况现在新浪微博才是明星与粉丝的集散地，有很多粉丝只混微博而不混贴吧。

国家推崇依法治国，粉丝圈也要追求有规则可依。

规则可以让粉丝们的言行举止更规范，使粉丝们知道有所为、有所不为，就像政府现在流行制定权力清单、负面清单一样。

规则的涉及面应该是很广泛的，比如新粉应该如何做，应援要注意哪些，如何面对其他粉丝圈的招架等。

粉丝圈一般具有较为完整的架构，内部会分为文案组、视频组、公关组、投票组等。这些组别的划分，使得粉丝圈内部分工明确，组织严密，从而更具行动力。

粉丝圈组织者平时会引导粉丝圈粉丝的日常行为，比如打榜、买周边、刷票房等。

粉丝圈十分注重一些重要时间节点的行动，偶像的生日便是粉丝们极力造势的时候，她们通常会在这一天把偶像刷上微博热搜。

当然，粉丝圈在集体行动时会存在一些大大小小的问题。

为了更深入地了解粉丝圈，我也参加过一些粉丝圈组织的活动。

粉丝圈在应援或者做公益时，有时会进行得比较晚，这时，粉丝们可能就需要在外住宿，通常是由粉丝圈大大收集大家的身份证，然后统一去办理宾馆住宿登记。

有一次我参加某粉丝圈的公益活动，时间很晚了，而且第二天还有其他公益活动，于是，大家便决定在外住宿。一位组织者把大家的身份证拿去统一办理住宿登记，但是，该组织者竟然瞒着大家，偷偷拿着身份证去复印了，好在这一行为后来被粉丝圈的一个粉丝发现了。

那女生始终不肯透露自己复印身份证是何目的，不过由于没有造成什么严重后果，大家也没有太追究她责任，只是不允许她再参加粉丝圈活动。后来才了解到，那女生活跃在不同的粉丝圈，在其他的粉丝圈也做过同样的事。

集资诈骗问题也是粉丝圈的困扰。

有次某粉丝圈组织购买偶像的周边，每样周边五十元，有些粉丝购买一样，有些购买十多样，我当时也买了一样。

最后，一共集资有三万多元。但是，那个组织者在收完钱后，竟然人间蒸发了一般，一切联系方式都切断了，最后这些钱没能要回。

当然，对于粉丝圈的活动而言，三万多元不算多。

某韩国男团的中国粉丝在组织应援活动时，一共众筹了一百多万元，收钱的组织者后来也玩起了消失，最后粉丝报警。由于数额大，警察很重视。

当警察抓获该收钱女生时，她在短短十多天时间里，竟然已经挥霍掉了三十多万元，基本上都用来买包包与化妆品了。

粉丝圈的集体行动是基于信任的。

一般情况下，你肯定不会把身份证交给陌生人，也不会转几千元给陌生人让她替你买东西。但是，当你置身于粉丝圈中时，就会对于粉丝圈中的小伙伴有一种天然的信任。

事实上，那个私自复印身份证与那个卷跑三万多元周边购买款的所谓组织者，加入粉丝圈的时间都没有多久，其中一个是两个月，一个是三个多月。

但是，正是由于她们给自己贴上某某粉丝的标签之后，粉丝圈的小伙伴便对她们产生了无条件信任，她们也利用粉丝圈内部的这种信任来实施自己的不法行为。

粉丝圈的集体行动，有着自己的一套逻辑，有共同的精神领袖，有领导者与追随者，有组织架构与组织规则，还有凝聚各个原子化个体的行动目标与团体信任。在这些要素的综合作用下，粉丝圈的组织化程度与粉丝的自组织能力不断提高。

粉丝圈意见领袖

群体需要领导者，这是人与动物的共性。毕竟，服从权威是一种习惯甚至本能。

粉丝圈大大充当了粉丝圈这一群体的领导者角色。

粉丝圈大大通常担任明星贴吧吧主、粉丝圈官方微博打理者、粉丝群群主等。她们有着很强的领导力与号召力，是粉丝圈的意见领袖，也是名副其实的粉丝圈高层。

著名社会学家布迪厄提出过"象征资本"理论。

他认为，象征资本可以来自经济资本、文化资本或社会资本等，涉及对声望、名声、奉献或者荣誉的积累。

粉丝圈大大就是粉丝中最具象征资本的成员，她们可能具有相当好的经济实力来维护粉丝圈的运行，或者具有很强的组织能力，让其他粉丝愿意追随，抑或具有很好的人格魅力。

粉丝圈大大的象征资本，是一种被认可的地位。

有号召力的粉丝圈大大，不仅在粉丝圈内被接纳，也容易得到经纪公司的认可，许多经纪公司就是通过粉丝圈大大来加强与粉丝的沟通和联系。

费孝通先生曾用"差序格局"这一理论范式，来分析传统社会人际关系的亲疏远近格局。个人与他人的关系状态，就如同把石头扔进水里之后，所泛起的涟漪一般，由中心向外延伸，一圈一圈的。离中心越近，关系越亲，反之亦然。

如果把粉丝圈当成一个小社会，那么，居于圈中央的便是粉丝圈大大，所以，成为粉丝圈大大是大部分粉丝追星过程中的愿望。

如何才能达成这一心愿？

跟随早。

明星的走红有一个过程，除了那些通过选秀一夜爆红的明星外，相当多明星都是从十八线或者十八线开外成长起来，显然，那些从偶像一出道就陪伴在身边的粉丝，往往在粉丝圈更具话语权。

有些粉丝虽然混粉丝圈迟，但是，她们善于与其他粉丝圈大大勾搭，让她们带自己飞，这样的粉丝也容易在粉丝圈形成影响力，并逐步成长为粉丝圈大大。

产出多。

在粉丝圈，只靠转发他人的作品难以形成影响力。如果你写得了文案，美得了图，剪得了视频，并且有高质量产出，那么，就容易成为粉丝圈权威。

在传播过程中，你可以把作品加上自己的 LOGO 或者 ID，这样，文案、图片与视频传播的过程，也是自己权威形成的过程。

前线饭能够掌握偶像的行程，并经常参加前线接机、探班，或者跑应援，这样，她们便很容易获取一手独家素材，而这些素材正是粉丝圈所需要的。

所以，前线饭容易成长为粉丝圈大大。

能力强。

有些粉丝不擅长写文案，也没有太多资金去支持偶像，但是，她们具有很强的领导能力，能够把粉丝圈的粉丝有效组织起来，自然而然就会有很多粉丝追随其后。

资源好。

粉丝圈有些粉丝具备很强大资源，这些资源包括广告资源、时尚圈资源等，这些资源对于偶像的发展至关重要。所以，这些粉丝容易在经纪团队与偶像面前刷脸。

总体来看，要成为粉丝圈的领导者，粉丝需要对偶像是真爱，有闲、有钱、有能力，这些因素具备越多，就越容易成为粉丝圈大大。

其实，粉丝圈大大不仅仅是荣誉，更是责任。

缺乏领导者的粉丝圈，如同一盘散沙，群龙无首的感觉。所以，粉丝圈大大要给各粉丝营造归属感。

她们要处理偶像所面临的各种突发事件，比如营销号出现了偶像的黑料，要解决各种不同属性粉丝之间的矛盾，如团饭与唯饭之间的斗争，要面对本粉丝圈与其他粉丝圈之间的掐架等。

同时，树大必有枯枝、人多必有白痴。

粉丝圈里的一些脑残粉的非理智行为给偶像招黑，粉丝圈大大需要解决这些纠纷，维护好偶像的风评等。

尤其是在偶像爆红时，会有大量的新粉入坑，这些新粉的属性多样，成分复杂，年龄跨度大，如何引导她们的行为，也是一门学问。

睿智的领导者在治理粉丝圈时，要学会制定粉丝圈规则，提高粉丝圈的制度化水平。

同时，要学会引导整个粉丝圈的风气，在某种程度上，粉丝圈的风气与粉丝圈大大的性格密切相关。

粉丝圈大大在处理事情时，要理性而非偏激，要有大局观而非小视野，要远视而非短视。

粉丝圈大大要用心为偶像做事，来获得其他粉丝的认同与追随。

第八辑　且听风吟

粉丝属性知多少

粉丝的属性是其在追星过程中呈现出来的某种特质，如铁粉、女友粉、亲妈粉、脑残粉、散粉等。这些都是从不同维度来界定的粉丝属性。

维度是多元的，所以，粉丝属性也是多元的。

粉丝粘度的维度。

路人粉与酱油粉是粘度最低的粉丝，她们似乎像路人一样，平时不会特意关注偶像的八卦新闻，但她们又与路人不完全一样。

如果看到偶像的作品或者广告，她们会用心去留意，看到偶像时嘴角会自然地流露出笑意。

一般而言，路人入坑之初，都是路人粉。

如果按粉丝粘度来划一个连续谱，路人粉居于连续谱的一端，那么，死忠粉则居于连续谱的另一端。

死忠粉是偶像的忠实支持者，有些追随偶像好几年，甚至十几二十年。她们对偶像的作品烂熟于心，平时会用各种方式来支持偶像，积极参加打榜，花钱买周边，偶像的电影会去电影院刷好几遍。

总之，死忠粉会用尽一切方法来表达对偶像的真心。绝大部分粉丝都居于连续谱的中间。

角色定位的维度。

粉丝们的内心在处理自己与偶像的关系时，有着不同的定位。

女友粉是最为常见的，绝大多数明星的粉丝都是女友粉，尤其是偶像派小生的粉丝更是如此，她们张口闭口我老公、我男人，天天幻想着偶像来娶她。正由于女友粉在粉丝经济中的地位重要，很多女明星也开始卖男友力。

后宫粉与女友粉类似，她们的口号通常是，本宫不死尔等终究是妃。

如果粉丝年龄与偶像年龄差距较大，粉丝通常会自称亲妈粉或后妈粉，童星的亲妈粉或后妈粉较多。

虽然亲妈粉与后妈粉都是妈，也都喜欢称偶像为我儿子，但是亲妈与后妈又有所不同。

亲妈粉如春风般呵护着偶像，生怕偶像冻着、饿着，怕偶像受委屈。而后妈粉则心软嘴贱，她们对偶像很苛刻、很严厉，要是偶像某个方面做得不够好，她们通常会拿出来黑。

但是，有一点一定要记住，那就是她们可以黑，你千万不要附和，否则她们可能会与你拼命。

如果粉丝的年龄大偶像一些，但是又还没有大到可以做亲妈粉的程度，那么，她们就会自称为姐姐粉，像姐姐对弟弟一样来保护他、支持他。

相当多姐姐粉、亲妈粉、后妈粉都是事业粉。

她们会为偶像规划事业，时不时地会与经纪团队撕，以期为偶像争取更多资源与利益。同时，这些粉丝中也有很多是事业有成的女人，她们会动用自己的资源，来助力偶像的发展。

粉丝年龄的维度。

以往手机与电脑未普及到现在这一程度，追星的方式主要是看电视，所以，学生在学校时基本不具备追星的条件。

但是，现在移动互联网飞速发展，很多中小学生都可通过手机上网，这为她们追星提供了极大便利。

于是，一批批的萝莉粉入坑。

这些萝莉粉年龄小，三观正处于塑造之中，不太懂得如何用正确的方式来追星，所以，她们的行为通常不是很理智。

掐架是萝莉粉表达爱意的主要方式，在各大粉丝圈的掐架中，萝莉粉通常是主力，可能是老师作业布置太少的缘故。

　　阿姨粉比萝莉粉年龄要大些，不过也并不一定会大很多，许多高中生都喜欢自称阿姨粉。这些怪阿姨行为比萝莉粉要相对理性，但是也不必然，阿姨粉对偶像的保护欲望很强，所以，她们也会战斗在掐架第一线。

　　偶像地域的维度。

　　欧美饭、日韩饭、港台饭与内地饭之间存在着鄙视链。

　　整体来看，欧美饭的平均年龄高于日韩饭、港台饭与内地饭。当然，欧美饭并不只是平均年龄高，许多欧美饭的格调也高，优越感较强，容易对其他粉丝表现出不屑。

　　早些年，在大陆文化市场逐渐开放后，芒果台引进了大量的韩剧，培养了大批韩饭，甚至产生了"韩流"这一特殊文化现象。

　　韩国发达的娱乐产业，容易制造出现象级的神剧或者明星，比如《来自星星的你》《太阳的后裔》都曾引发收视狂潮，EXO 归国四子都拥有较大量级的粉丝数。

　　日饭的存在感没有韩饭那么强，她们习惯在自己的圈子里自萌，内地有大批粉丝混日本动漫圈。由于一些历史因素，内地引进的日本娱乐明星极少。

　　对于内地而言，《超级女声》可谓娱乐市场的分水岭。在《超级女声》之前，内地的娱乐市场几乎被港台明星所垄断，一二线当红明星基本上是来自港台，而今港台娱乐发展的黄金期已过。《超级女声》之后，内地的选秀活动此起彼伏，制造了大量的内地明星，粉丝们转投内地明星。

　　一般而言，国内的娱乐市场主要引进欧美、韩国、日本的娱乐作品与明星，而对其他国家关注甚少，甚至到了可以忽略的程度。很显然，其他地域优秀的演员与歌手也是不少的，如在国家实施"一带一路"大战略的背景下，芒果台综艺节目《歌手》进口了来自哈萨克斯坦的迪玛希，表现惊艳，实力圈粉。

　　行为理性的维度。

　　脑残粉在粉丝圈普遍存在，挚爱掐架，她们的行为替粉丝圈招了不少黑。

　　脑残粉的口头禅通常是他就是我的一切、你知道他有多努力吗、你行你上啊。她们的言行较为偏激，容不下路人说偶像半点坏话，所以随时保持着战斗状态。

当然，现在相当多粉丝都喜欢自称脑残粉。

私生饭是粉丝圈毒瘤。

她们喜欢采取跟踪偶像、疯狂追车，甚至闯入偶像家里等行为，来窃取偶像的隐私。私生饭会对偶像形成极大的干扰，甚至有可能对偶像人身安全造成伤害，但是，她们不在乎这些。

她们所关心的是，通过一切手段来接近偶像。

本质上，私生饭算不上饭。

前线饭是那些抱着相机或者摄影机，通过蹲机场或者发布会等形式，来获取偶像的素材。

前线饭与私生饭的区别在于，前线饭理性得多，不会像私生饭那样，无所不用其极。前线饭由于经常获取一些关于偶像的宝贵素材，在粉丝圈拥有较大的话语权，容易成长为粉丝圈大大。

理性饭与素质饭是追星的典范，她们支持偶像作品，不喜欢参与掐架，懂得离偶像作品近一点、离偶像生活远一点的道理，能够理性地处理好追星与学习、工作、生活的关系。

但是，既然是粉丝，也必然存在不理性之时，可能在某一个瞬间，她们能够从高冷理性的状态，切换至脑残粉状态。

喜欢明星多少的维度。

有些粉丝有多个偶像，有些粉丝钟情于一人，前者被称为博爱粉，后者称被为专一粉。

通常情况下，专一粉喜欢喷博爱粉花心，所以博爱粉在专一粉的面前通常是没有话语权的。

花钱与否的维度。

粉丝一般喜欢用买买买来表达对偶像的真心，对各种专辑、演唱会、电影、代言等，都会强力支持。

但是，相当多的粉丝都是中小学生，她们经济能力非常有限，所以，能花在追星上的钱很少。于是，她们只能选择做屏幕饭。

粉丝圈流行"不花钱无话语权"的说法，这一句话就直接剥夺了未花钱粉丝的话语权。或者说，粉丝圈把花钱不多或者没花钱的粉丝冠以某不雅称呼，本身就充满着鄙视与嘲讽。

入坑因素的维度。

粉丝中大部分是颜饭，她们是由于偶像的高颜值而入坑，这些外貌协会的资深会员通常会自称颜狗。

除了颜饭外，还有因偶像声音而入坑的音饭，也有被偶像性格所吸引的性格饭等。

爱或不爱的维度。

黑粉是粉丝圈里特殊的群体。

黑粉会采用制作表情包、视频，或者直接文字辱骂的形式，来不遗余力地黑某个明星。

黑粉产生的原因有很多，有些是现实生活中不如意，想在网上发泄愤怒，或者纯粹想找存在感，这时，某个明星便无辜躺枪了。有些黑粉是对明星的言行不满，所以就开黑了。

其实这两类都不是黑粉最主要的来源，脑残粉所制造的黑粉最多，一般而言，如果某个路人被脑残粉撕过，很容易从路人变成黑粉。

是否混粉丝圈的维度。

粉丝圈很温暖，粉丝能够一起相互取暖，在追星路上共同成长，但并不是所有的粉丝都混粉丝圈。

在粉丝圈外，还有大量的散粉存在，这些粉丝的存在感低，但是，散粉并不代表对偶像不是真爱。她们可能只是不喜欢受粉丝圈的纷扰，从而安静地做个小透明，也有可能是追星经验不够，还找不到组织。

对待感情的维度。

相当多的粉丝有嫁给偶像的想法，所以，她们并不喜欢自家偶像传出绯闻。但也有一些粉丝热衷于做情侣粉，她们喜欢给偶像配对。在偶像作品上映之时，经纪公司会用组情侣的形式，来宣传电影或者电视剧，即所谓的宣传期恋情，此时，情侣粉更忙得不亦乐乎。

职业与否的维度。

粉丝经济的发展，带动了职业粉的发展，而且队伍日益壮大。职业粉不算真正的粉丝，她们可能是专职，也可能是兼职，受经纪公司雇佣，扮演粉丝去机场接机，或者到演唱会现场去呐喊，本职工作是替明星造势，制造明星人气旺盛的假象。

作品类型的维度。

现在流行把著作大 IP 拍成电影或者电视剧，《盗墓笔记》《花千骨》等热播剧都是从文学作品改编而来。

原著粉是文学作品的粉丝，她们也是票房与收视率的保证。但是，在原著被改编成电影或电视剧的过程中，编剧会对原著的内容进行一些修改，而这很容易引起忠于原著的书粉极大不满，甚至引发她们的反抗与抵制。

粉丝属性划分的维度是多元的，通常情况下，粉丝是多种属性的混合体，比如真爱脑残粉、脑残颜饭等。

粉丝的属性并非一成不变，而是可以在不同状态之间切换。

有些黑粉在黑明星的过程中，黑出了感情，变成了真爱粉。

TFBOYS 三小只在出道时有大批阿姨粉、姐姐粉，她们像养儿子、养弟弟一样，陪伴着三小只长大。但是，现在他们长大后，变得玉树临风了，许多姐姐粉内心把自己切换到了女友粉的状态。

粉丝们，你们属于哪一种呢？

女友粉是种怎样的存在

女友粉是一种奇怪的生物。

粉丝的属性有多种，姐姐粉、阿姨粉、亲妈粉等。顾名思义，女友粉就是将自己定位为偶像女友的粉丝。

通常情况下，这些不同的粉丝属性之间可以自由切换。当偶像年龄较小时，可能是姐姐粉，但等于偶像长大后，便变成了女友粉。

女友粉并不是少女的专利，很多时候，追星这一行为与年龄没有太多关系，有些人到了奔三或奔四的年龄，仍然还在追星。

不必惊讶，这说明你有一颗永垂不朽的少女心啊！

女友粉有着极强的代入感。

她们通常因为颜值而入坑，习惯把偶像当成假想男友。她们追星目的很简单，不求其他，但求和偶像谈谈恋爱，然后结个婚，再生个孩子就好。

女友粉通常会自带事业粉属性。她们活跃在应援第一线，积极打榜、买杂志、刷票房等，是粉丝群体的中坚力量。

情敌之间友好相处，甚至把其他情敌当成家人，这种情况恐怕只有在粉丝圈才有可能出现吧？

当今娱乐圈是流量为王的时代，流量是明星商业价值相当重要的评价指标，而当红小生的流量主要就是女友粉。所以，女友粉对于明星的重要性是不言而喻的。

正是由于这种商业逻辑，现在明星都流行卖男友人设，给粉丝一种在恋爱的幻觉，甚至越来越多的女明星也开始卖男友力。

恋情是很多明星的禁区，尤其是那些处于事业上升期的偶像派小生更是如此。

很多小生不敢恋爱，或者有恋情也不敢公布，选择隐婚，他们担心一旦公布恋情了，就会大量掉粉。

显然，这种担心并非多余。

女友粉们虽然口中说，偶像能够幸福就好，但是，粉丝的爱是自私的，喜欢什么就希望能够一个人独自占有。

她们不敢想象，偶像总有一天会结婚生子的，而结婚的对象并不是自己。

女友粉投入了太多的情感，爱得太深沉，也因此会变得不理智，容易狂热。

在各种掐架中，女友粉通常是战斗力最强的。因为她们已经把偶像当成自家老公，接受不了任何人对偶像有不同的意见。

入戏太深，情绪就容易起伏不定。

弗洛姆在《爱的艺术》中指出，"爱情不是一种与人的成熟度无关，只需要投入身心的感情。如果不努力发展自己的全部人格并以此达到一种创造倾向性，那么每种爱的试图都会失败。如果没有爱他人的能力，如果不能真正谦恭地、勇敢地、真诚地和有纪律地爱他人，那么人们在自己的爱情生活中也永远得不到满足。"

的确，爱是一种能力，女友粉们需要不断修炼。

追星是一场盛大暗恋

偶像满足了粉丝对于男人的一切美好想象。

很多小生简直是一个移动的少女心收割机。颜值高、声音苏、性格好、动作帅，每一点都很容易获取少女芳心，尤其是颜值高的小生，容易牢牢圈住女友粉，她们就像向日葵追随太阳一般追随着偶像。

偶像的一切简直如此完美！

少女情怀总是诗，所以，偶像一个简单的动作，一声招呼，或者一个温柔的眼神，都有可能会直击粉丝内心最温柔的部分，脸上会自然地荡漾着羞涩的笑容。

这些情窦初开的小女孩在一阵怦然心动之后，就已经无法自拔地爱上了偶像，沉浸于恋爱的幻觉之中。

恋上偶像，从一开始就注定是一场旷日持久的单恋，粉丝不断付出，却鲜有反馈。

同时，追星也是一场虐恋，偶像如水中月、镜中花，如此美好，可惜可望而不可即。

虽然很多女友粉都有一种本宫不死、尔等终究是妃的霸气。但是，情敌多得可以绕地球一圈，自己想脱颖而出，成为偶像的女友，何等艰难。

不过，女友粉有种很强大的心理技能，那就是自我麻醉，她们愿意沉浸在这一场单相思中，守着一个不太可能的梦，不断付出且不求回报。

其实不止女孩喜欢幻想，男孩同样如此，在爱做梦的年龄，这是一种美好的经历，就像村头二狗子早已幻想把村花当成自己老婆了。

追星满足了很多女生的情感需求。

现实中谈恋爱，有分手的可能，结婚后也有离婚的可能。但是，追星是一场不会轻易失恋的单恋，只要你不主动脱粉，偶像就一直在那里等着你。

就这一点而言，追星能够给予女粉莫名的安全感。

女友粉们习惯称偶像为老公，心中也无数次幻想过，会披着婚纱，和偶像一起走进婚姻的殿堂。之前就有女粉丝披婚纱向吴亦凡的蜡像求婚，并宣称单方面嫁给了他。

女友粉明知道和偶像是两个世界的人，可是，心中会幻想着能够和他产生什么联系。

女友粉会抑制不住关注偶像消息，把偶像的微博翻个底朝天，有空没空都想着去微博搜偶像名字，或者与同好交流关于偶像的一切，更有甚者会相思成疾。

女友粉的爱，似乎卑微，但心甘情愿。

不同的粉丝圈，同一个梦想，这梦想便是嫁给偶像。

粉丝们常言必称我老公、我男友、我是谁老婆、我是谁夫人。虽然这些称呼有开玩笑的成分，但是，事实上，这些粉丝是半开玩笑半认真，梦想还是要有的，万一实现了呢？

这种可能性在哲学上叫做抽象可能性。

虽然实现的可能性接近于零，但毕竟不是完全等于零，也正是这种抽象可能性的存在，给女友粉的白日梦提供了温床。再加上明星喜欢卖男友力，从而使女友粉有了更强的代入感。

一个让女友粉不愿意接受的客观事实是，即使偶像没有女友，你也基本上没有机会，无奈，很多女人天生喜欢幻想。

是啊，虽然梦想实现的可能性极小，但是，至少能够在梦醒之前，享受一些愉悦。

这样的梦，或许是每个少女的青春所不可或缺的一部分。

嫁给喜欢的男生，是少女的梦想，只不过，此男生正好是明星。所以，在女友粉的心目中，嫁给偶像，才是嫁给爱情的正确打开方式。

嫁给偶像的想法很美好，但是，现实很骨感。

在人的思维中，感性与理性常常是相互较量的。虽然女友粉一直怀揣着嫁给偶像的梦想，但是，理智会告诉她们，人要现实，嫁给偶像几乎是不可能的。

当然，嫁给偶像的概率虽然极低，但也并不是完全没有的。

暗恋一个人的时候，就会自然而然地觉得自己配不上他。所以，粉丝们要努力提升自己，从而缩小自己与偶像之间的差距。

优秀的人总是相互吸引的，不是吗?

也许某一个不经意的瞬间，你和偶像在转角处相遇，而在此之前，你要做好充分的准备。

一遇偶像误终生

追星败桃花。

经常看到的一个说法是，一个二十几岁的姑娘，如果颜值尚可、性格不怪异但却还是单身狗的话，那么，她要么是女博士，要么是追星族。

可见，追星对于个人感情的影响颇大。

自从追星之后，单身有了一个名正言顺的借口，就是我只想嫁给偶像。粉丝能够对着手机突然笑起来，而且嘴角一直挂着笑容。

就如同王小波写给夫人李银河女士的那般，"一想到你，我这张丑脸上就泛起了微笑。"

父母与朋友以为她们谈恋爱了。

其实没有，她们只是看到了偶像的一个表情包。

单身狗追星，容易一辈子找不到对象，因为她们的感情有了寄托，她们喜欢的样子，偶像都有。

同时，在追星的过程中，她们审美的情趣与品位也提高了，这样，她们对周围的男生似乎已提不起兴趣。

眼光高了不可怕，可怕的是，自己眼光高了，但自身没有变得更优秀。这样，喜欢自己的自己瞧不上，自己瞧得上的，又看不上自己，最后注孤生了。

有些粉丝把追星当成生活的全部，非偶像不嫁。

　　她们会觉得周围的男生长得丑、没衣品、性格差，还没钱，相比之下，偶像是如此帅气、如此完美，这不正是我的梦中情人吗？

　　女生会有主动追求优秀男生的冲动，但是，在现实中，这种情感的表达会有很多顾虑。于是，她们便把自己的情感冲动，转嫁于偶像，放肆地花痴。

　　追星之后，有了软肋也有了铠甲，时时刻刻刷新偶像的消息，期待着偶像发微博，同时，不会被发好人卡，也不会失恋，除非你主动退出。

　　明星满足了粉丝们对于男人的一切美好想象，所以，明星成了粉丝的精神鸦片，追得愈久，陷得愈深，最终出不了坑。

　　明星是娱乐产业所生产的商品，经过了各种包装。事实上，他们没有粉丝想象中那么完美，粉丝生活中的男生也并没有那么不堪。

　　有些女生追星追出了优越感，微博上经常可以看到的话是，别嫌弃你的女朋友追星，毕竟一个追星的女孩可以看上你，你算命好的了。我的偶像那么完美，我还能够看得起你，你知足吧。

　　其实偶尔调侃一下还好，但遗憾的是，这可能是很多粉丝内心真实的想法。她们未把追星与生活分开，处处将男友与偶像相比较，越比越糟心，恨不得分分钟把他给踹了。

　　粉丝的爆棚优越感来得有些莫名其妙。

　　花痴偶像与珍惜眼前人并不冲突。

　　人的心是很大的，可以爱很多人。

　　不要在追星的过程中，迷失了自我，让男友变成了你和偶像感情中的第三者。如果男友不理解自己追星，那就在粉丝圈找一个吧，一起追星一起恋爱。

　　如果你的爱人暂时还没有出现，那么，在将来可以给他说，在你未出现的那些年里，是偶像伴我一起走过。

偶像的恋情，粉丝的泪

　　追星这场盛大暗恋，虽然辛苦，但是粉丝们也似乎乐在其中。

　　她们沉浸于自我的世界里，丰富而美好，虽然她们知道偶像最终会恋爱结婚，不过，只要他还未正式确认恋情，自己就是有希望的。

　　但是，一旦偶像确认了恋情或者结婚了，这种美好想象便被彻底打破了。

　　西湖的水，粉丝的泪啊！

　　偶像公布恋情之后，女友粉会有一种被背叛的感觉。

　　有些粉丝陪伴偶像从十八线之外，慢慢地成长到了当红一二线，但现在刚走红便被其他女人抢走，难免会有一种失落感。

　　在偶像公布恋情之后，能够很坦然接受偶像恋情的粉丝相当少。粉丝会感觉心被扎，继而精神萎靡、茶饭不思，这种感觉比自己失恋了还难受。

　　偶像公布恋情，对于女友粉的确是一个考验与打击，毕竟，全身心地爱过。

　　有些女友粉的心理挺奇妙。

　　有一种吊诡的现象是，我知道你有女友，不过这没有关系，我还是能够继续支持你，做你的女友粉。但是，你不能够公布，更不能公开秀恩爱。

　　可见女友粉颇具自我欺骗、自我麻醉能力。

　　这也许是偶像与粉丝之间的一种不成文默契吧？偶像不公布恋情，我能够睁一只眼闭一只眼，但是，绝对接受不了女友宣誓主权，也极度抗拒偶像高调秀恩爱。

在偶像公布恋情之后，女友粉可能会脱粉。

因为自己辛苦应援，而偶像却在和女友甜蜜，粉丝们有一种自己的感情付诸东流的感觉。

不过，对于很多实力派明星而言，即使公布恋情也很少会有粉丝脱粉，因为他早已靠才华把粉丝圈牢，公布恋情或婚讯之后，虽然有大批粉丝伤心落泪，但是，仍然会含泪祝福。

也许，祝他幸福是真的，祝他们幸福是假的。

从圈粉的角度来看，曝光恋情不是一种明智的做法，尤其是有些明星公布恋情时正处于事业上升期。

但是，敢于曝光恋情，是一种责任与担当，也是一种勇气。因为，在某种程度上，当明星还未能够把粉丝牢牢圈住时，公布恋情可能等于自毁星途。

偶像公布恋情，是否会引起粉丝情绪的强烈反弹，与偶像的女友优秀与否也有很大关系。

这与很多普通人恋爱的感受一样。

如果自己苦苦恋着的男神或女神最后找了一个各方面都很优秀的对象，自己虽然心里失落，但还是能够勉强安慰自己，觉得男神或女神不选择自己的原因是自己不够优秀。

但是，要是男神或女神最后找了一个各方面都很差劲的心机女或猥琐男，人作黑点多，那么你肯定会又气又恨。

此时，粉丝们通常所采取的行为，是在微博、天涯论坛等地方把偶像的女友狠扒一番，对偶像心疼不已，对偶像女友接受无能，甚至会怀疑偶像是否值得自己继续喜欢下去。

通常在偶像公布恋情的时候，女友粉容易里外不是人，在微博上发了一些牢骚，却成为被营销号与路人批判的对象。

其实很多女友粉，尤其是女友粉中的事业粉并不是自私，而是实实在在地为了偶像的事业发展考虑。

她们内心明白，就算偶像没有女友，也轮不到自己，但是，偶像好不容易有了人气，发展形势大好，就公布恋情，给粉丝们的热情泼冷水，女友粉有种恨铁不成钢的感觉。

虽然公布恋情可以吸一些路人粉，但是，从事业发展来看，路人的好感对于明星个人的发展可能并没有太多用，只有女友粉才是流量主力，才是支持明星事业的中坚力量。

要是有流量基础了再公布也就算了，可此时事业刚起步，公布恋情简直是作死之举。

要是女友讨喜也就算了，可是，不知为何偶像的女友又作又心机，这让女友粉如何能够平静呢?

女友粉真是爱之深、怨之切啊!

不求太多

"要避免很不幸福的最保险的办法就是不要要求很幸福。"

叔本华在《人生的智慧》中如此告诫我们。可惜，很多粉丝不能领悟此道理。

追星路上，她们图太多，因而，原本单纯的追星，变得不再单纯。

本质上，偶像是一个正常的人。

他不会孤独终老，在不久的将来，他会有自己的恋情，会结婚生子。他的女友，不是这个她，也会是另外一个她。

他选择谈恋爱或者不谈恋爱，选择和谁谈，选择公开恋情还是隐瞒恋情，这些都是他的私事，粉丝是无权干涉的。

虽然这些事实对于女友粉而言很残酷，但是，真相往往就是残酷的。所以，粉丝别入戏太深。

如果你对偶像是真爱，就应该尊重他的选择。粉丝应该清楚自己的身份定位，不要以为花了支持，就有权来理直气壮地干涉偶像的感情。

很多粉丝总是把偶像的幸福挂在嘴边，但是，真正等到偶像恋爱了，她们就接受不了啦。

也许，你们在平时的确付出很多，忙着打榜、刷票房、微博炒话题维持热度，但即使这样，你也没权要求他不恋爱、不公布恋情。

虽然明星这一身份有其特殊性，但是，在很多方面，他只是一个普通的人。

追星本是为了开心，不是吗？把很多东西放在心里难以释怀，人生就会很沉重，此时，追星便成了人生负担。

要学会享受追星这一过程。

亚里士多德早就指出了，"幸福属于那些容易感到满足的人。"

可惜，有些不理智的粉丝，让我们深切地感受到了什么叫作活久见。

有些粉丝对于偶像的女友非常羡慕嫉妒恨，是真恨。在这种恨的情绪主导下，她们会发起对于偶像女友的攻击。为何攻击偶像女友而非偶像呢？因为她们通常是深深地爱着偶像，舍不得攻击，她们一厢情愿地认为，自家偶像是世界上最优秀的，现在公布恋情，一定是女方逼着发微博公布，一定是女方逼婚等。

总之，各种脑洞大开的理由，她们都能够想到。

对女人最狠的，永远是女人。

有明星公布婚讯时，就有大量该明星的非理智粉，在微博上肆意攻击其妻子，而且各种恶毒的字眼不堪入目，甚至有诅咒他们孩子流产的。

看到这些字眼时，完全想象不到这些话是从女生口中说出，可事实就是如此。

我还特意看了二三十位骂得特别狠毒的微博账号，有些女生是用大号追星，自己的微博都是充满爱心的乖乖女形象，但是，在评论中完全是另外一种恶毒妇人的嘴脸，让人觉得挺恐怖的。

也许，这正是人的两面性？

人类学名著《菊与刀》深刻解读了日本人骨子里的两面性。菊是日本皇室家徽，而刀是武士道文化的象征，尚礼而好斗，这两大矛盾的性格在日本人的骨子里结合得如此完美。

粉丝亦能够把乖巧与恶毒融合得天衣无缝。

安安静静地做个粉丝，如果他符合你心中的期待，就继续粉；如果不符合，就脱粉。何必要攻击他的恋人？

从自己利益出发，以替你着想、为你好的名义，去干涉别人的规划与选择，是一种很让人反感的行为。

追星如此，生活亦如此。

为你，千千万万遍

　　喜欢偶像，就想把他推荐给全世界，让所有人替他花钱。

　　推荐是粉丝的日常爱好，其实很多粉丝在推荐时，心理是矛盾的。一方面，她们希望偶像能够火，圈更多粉；另一方面，人都有占有欲，希望知道偶像的人越少越好，这样，就不容易被其他人抢走。

　　不过，在人气就是商业价值的粉丝经济时代，粉丝们还是会选择用各种方式把偶像兜售出去，让路人变成路人粉，让路人粉变成死忠粉。

　　推荐自然有其价值所在，可惜，很多粉丝并不会正确地推荐，多次推荐之后，不但没有替偶像圈粉，反而招了不少黑。

　　推荐，需要掌握正确的姿势。

　　现在明星通过包装之后，似乎接近完美之人，颜值高、人品好、肯努力、才华横溢。所以，可推荐的着眼点自然也围绕这些展开。

　　要想让朋友、家人甚至陌生人接受你的推荐，你首先要了解对方的喜好，一个痴迷舞蹈的人，你向她推荐自家偶像有多努力，可能并不太能够引起对方兴趣。一个关注才华与人品的人，你整天在她面前夸自家偶像颜值高，收益自然甚微。

　　如果别人喜欢舞蹈，你就给她推荐你偶像的舞蹈。如果别人喜欢歌曲，你就给她推荐你偶像的歌曲。如果你偶像真有特别能够拿得出手的作品，那么，推荐作品才是王道。

选择一个与偶像气质相吻合、清新脱俗的文案，对于推荐来说很重要。

现在很多粉丝根本不会选择文案，或者说，文案的选择走向了两个极端。

一个极端是习惯于沿用一些终极武器，如你知道他有多努力吗，你行你上啊等。另一个极端则是喜欢堆砌表面上十分华丽的辞藻，诸如什么君子世无双等。这些词实际上毫无信息量，而且没有针对性，套用在任何其他明星的身上也行。

经常看到粉丝们用错词，本来只能专用于女性的词汇，如窈窕、貌若天仙等，她们用来夸自己的男偶像。

有些词本来是贬义词，她们却用来夸偶像。如有些粉丝夸自己偶像城府深，她们自己没有明白城府深是何意，只是觉得该词看起来格调很高的样子，就拿过来用了。

许多粉丝习惯在任何时候、任何场合，采用任何方式来推荐。

有些粉丝，平时高冷女神形象，可是，一提到偶像便打回了原形，变成了花痴状态。

很多追星的女孩喜欢在宿舍开最大音量，反复单曲循环偶像的歌曲，喜欢拉着舍友陪她一起看偶像综艺，聊天时总能够把话题扯到自家偶像身上来，一天到晚会在微博与微信朋友圈发多条关于偶像的消息来刷屏，在微信群里聊天时会一直不停地发偶像表情包。

总之，她们不会放过任何推荐偶像的机会。

有些粉丝有一颗玻璃心，要是别人不接受她的推荐，她就会感觉到自己被全世界给抛弃了。更有甚者，会跳起来掐架，我偶像这么完美的人，你竟然还不入坑？你这样的人不配做我的朋友，有多远滚多远。

强行推荐，最为致命。

粉丝中很多都是学生，如果整天在宿舍开外音推荐你偶像歌曲，对于你来说可能是享受，可是，对于其他舍友而言，绝对是让人无法忍受的干扰。也许舍友对你偶像的综艺节目根本不感兴趣，但还是会被你拉着看。

有没有观察到，你强行推荐时，朋友的反应？有没有感觉到，朋友们聊得正好时，你总想把话题引到你偶像身上，然后，你就变成了话题终结者？

推荐要把握好度。

作为粉丝，你戴着粉丝滤镜在看偶像，偶像便成了完美之人。微博上的控评，就充满各种闭眼吹、无脑吹，各种洗脑般的评论与图片，淹没了真实的评论，极容易引起路人的反感。

有些粉丝习惯于采用一踩一捧式推荐法，更让人反感。

人要学会自我反省，懂得换位思考。

在粉丝群里，你可以放肆推荐，但是，在其他场合、对其他人，要把握好推荐的度。

整天在宿舍放偶像的歌、看偶像的视频，不但不能够推荐你偶像，反而是在给偶像实力招黑。你若整天在朋友圈刷屏，则是在逼着别人把你屏蔽。

也许被你推荐的朋友，与你的关系很铁，你的强势推荐行为，会让她们很为难。

一方面，她们理解你对偶像的痴迷，为了不影响你的兴致，还装作很乐意的样子倾听着；另一方面，她们很可能对你的偶像真不感兴趣，你推荐越多，可能会让她们对你偶像越反感。所以，不要得寸进尺，要学会适可而止。

其实，粉丝们需要换位思考一下。

你作为女生，可能对于足球并不感兴趣，要是男友整天拉着你，给你讲足球的战术，让你陪着看足球比赛，或许一两次还能够忍受，但时间长了，你肯定也会厌烦。

因为你的兴趣点根本不在足球上，他津津乐道的话题，你丝毫不关心。不能够只希望别人理解你的追星爱好，而不照顾那些不追星的人的感受。

其实不只是推荐偶像时要学会换位思考，在人生很多方面，都需要具备这样一种能力。

如果政府与公众之间、男人与女人之间、婆婆与媳妇之间、领导与下属之间、导师与学生之间，若能多一些换位思考，这个世界就会和平很多。

粉丝强行推荐时，习惯陶醉在自己的世界里而不自知，这是挺尴尬的一件事。

凡事有个度，过犹会不及。

在别人已经审美疲劳之后，你再反复刷屏推荐，会引起别人条件反射式反感。就像朋友圈那些整天发着面膜广告的微商一样，高频次、长时间的轰炸，你也会受不了吧?

有些粉丝在追星之后，像邪教徒一样着了魔，别人必须接受她的推荐，否则就是对她的不尊重。

美，本是一个很主观的东西，毕竟每个人的审美与价值偏好有所不同，各花入各眼。那种整天张口闭口都是我家偶像好萌、超帅的行为，会让周围的人神烦。

粉丝与偶像之间有一种天然的关联。

如果你自身够优秀，那么，别人肯定会更倾向于认为，你的偶像也是很优秀的。要是你自己如邪教徒一般，别人应该不会认为你的偶像会有多优秀。

所以，把自己变得更优秀、更理性，本就是一种最好的推荐。

生命不息，推荐不止，正如《追风筝的人》里所言，"为你，千千万万遍。"

应援，追星的仪式感

　　追星需要仪式感，粉丝应援就是制造粉丝与偶像之间的一种仪式感。

　　应援文化并非我国原创，而是起源于日韩娱乐圈，作为粉丝文化的重要组成部分，粉丝经济的迅猛发展带动了应援文化的扩散。

　　在人气就是一切的娱乐圈，粉丝竭力通过应援来替偶像造势，以提升偶像的商业价值，也让偶像感受到自己的爱。

　　每次应援时，粉丝们纷纷从虚拟网络空间中走出来，用一种切切实实的方式来表达爱。

　　粉丝们的应援行为在本质上是一种礼物经济。

　　在经济学的话语体系下，经济是指一种以物易物的交换经济，简单地理解，就是如果我付出劳动或者其他东西，就会希冀得到经济或物质上的回报。

　　但是，礼物经济与此不同，提供物品的人并没有明确的回馈对象与回报内容。

　　的确，粉丝们参与到应援行动中，花费了金钱、时间等，却并没有得到最直接的回报。

　　但实际上，对于粉丝而言，应援会带来精神上的收获。应援可以让粉丝们感受到粉丝圈的集体荣誉感与参与感，也许这种精神上的满足感远超物质上的回报。

　　应援需要钱，但是，应援又不仅仅是花钱这么简单。

在应援文化发展初期，应援就是打打条幅、喊喊口号而已，但是，现在应援文化日益成熟，各种花式应援层出不穷。显然，应援是粉丝圈众多粉丝的集体行动，而非依靠某一个粉丝的单独行动。

手幅、应援棒、宣传册、应援扇、胸牌等都是应援的要素，不过，最重要的是应援色。

每个明星都有自己的应援色，这是他们的独特标识之一。

在韩国，应援色通常由经纪公司来确定，我国的情况有所不同，有些经纪公司会介入到应援色的敲定，而有很多明星的应援色则是由粉丝圈自主确定。

应援色需要具有异质性，但是，最主流的颜色只有红黄蓝等几种。虽然把这些颜色进行排列组合之后，可以产生很多不同的种类，如宝蓝、天蓝等，不过，这些颜色的相似度太高，很难进行区分。于是，粉丝圈之间时常因争抢应援色而掐架。

特别需要注意的是，对于一个团队而言，应该是有统一的应援色，而非每个成员均有自己的应援色，否则容易制造一种分裂的错觉。

如果团队只有一种应援色，哪怕各队员的粉丝在平时撕得很厉害，但是，这种统一的应援色会给各家粉丝营造出共同体的感觉。

粉丝的花式应援众多，但各应援方式存在共性问题，就是应援经费的筹集。

应援经费一般是通过众筹的方式获得，但是，经费的管理是否规范？使用是否透明？是否有非法集资的嫌疑？这些问题都是存疑的，也发生过不少应援资金被卷跑的事件。

食物应援在韩国很流行，粉丝向剧组送食物，以博得偶像周围人的好感，但食物应援要保证食物的安全，要是发生食品安全事故，反而会适得其反。

演唱会应援要服从安保人员的安排，会后要将垃圾及时带走，否则，第二天娱乐的头条就是谈论你家偶像及其粉丝素质低。

机场应援要记得秩序的重要性，不要做乌合之众。我最不能够理解的是，有一些粉丝在接机时喜欢向偶像双膝下跪，这是一种怎样的心态？

要注意应援的细节，因细节可能决定应援的成败。

生日应援哪家强

生日是每个人生命中非常值得纪念的日子，粉丝们当然不会放过这个向偶像示爱的机会。

所以，生日应援成了粉丝应援的必选项。

一年一次的生日，成了粉丝的狂欢节。

生日应援特别讲究格调。

攀比风在粉丝圈一直存在，而生日应援成了各家攀比与较劲的最佳时机，于是，生日应援的主旋律是花钱，各粉丝圈一家更比一家更土豪。要是两个明星的咖位差不多、生日离得近，那生日的应援更是一场恶战。

生日应援，不求最好，但求最贵。

应援的钱，通常是粉丝们通过众筹的方式解决，粉丝圈还会自制周边来贩卖，当然，某个怪阿姨个人承包应援资金的情况也出现过。

生日应援需要烧钱，但又不只是烧钱这么简单。

一场成功的生日应援，是用既土豪又浪漫的方式来表达，于是，粉丝们会采用各种脑洞大开的创意来进行花式应援。

生日应援的常规节目是广告投放，粉丝们会在地铁、机场、影院等人流量很大的场所，进行图片或视频的播放。

事实上，应援极其多样化，有公益应援、放热气球、为偶像订制主题游轮、用私人飞机携庆生标语飞行等。

随着应援文化的成熟，国内的粉丝应援早已走向国际舞台，纽约、首尔、悉尼、巴黎等地，是备受粉丝青睐的应援城市，尤其是纽约时代广场简直成了标配。

粉丝们希望在这些自带格调的城市，让全世界都来认识自家偶像。

由于明星集中在新浪微博上，所以，微博是粉丝们开展生日应援的重地。

粉丝们会在偶像生日这一天，换成统一的头像，努力把偶像生日的话题刷上热门话题，因而，微博上不时出现明星过生日的话题，也就不足为奇了。

粉丝益起来

在众多粉丝应援的方式中，公益应援最易替偶像博得国民好感度。

公益传递着温暖、感动与爱。

所以，不论是对于组织来说，还是对于个人而言，公益往往成为一种树立形象的必然选择。

国企与私企都强调企业的社会责任感，习惯于通过助力公益事业，来标榜自身是具有强烈社会责任感的企业。

明星亦如此。

央视、团中央等机构会评选"正能量明星"，其中，明星自身的公益行为，以及明星粉丝的公益行为，是相当重要的评判维度。

或许有人会说，公益应援只是粉丝追星行为的副产品而已。

的确，也许粉丝们的初衷，只是为了替偶像打造更好的形象，但是，我们没必要太过于纠结粉丝做公益的最初动机。既然公益能够实实在在地帮助社会中的弱势群体，何乐而不为呢?

公益应援，偶像具有号召力，粉丝具有行动力。

粉丝圈一般都会成立公益后援会，负责粉丝圈的公益应援事宜。老幼病残群体是公益应援的主要受众，粉丝会去敬老院替老人们打扫卫生，或者参加抗战老兵助养行动，也会关爱听障或自闭儿童，带着孩子们一起做游戏，或者援助贫困山区的儿童，给他们寄去书本、衣服，甚至直接捐建图书馆、操场等。

粉丝们有应援的爱心，并希望通过这些爱心行动的影响力，来替偶像赢得好感。不过，她们的品牌打造意识不强，这些爱心活动过于零散，未能形成品牌影响力。

建议粉丝圈的粉丝们给自家粉丝圈的公益应援起一个统一、独特的名字，将粉丝圈的所有公益应援纳入该品牌的统领之下，从而形成更具传播力与影响力的公益文化品牌。

有些粉丝圈文化不健康，喜欢强制粉丝捐款，其实这样的公益便变味了。同时，在粉丝圈财务制度不完整、善款使用不透明的情况下，公益行为可能会滋生严重的腐败。

显然，这些都违背了公益的初衷。

公益是一项伟大的事业，需要社会中每个人的参与。

点点滴滴的善意，如点点滴滴的水珠，都能折射出太阳的光辉。多做公益少掐架，才是正道。

风里雨里机场等你

作为追星界的泥石流，虹桥一姐的经历告诉我们，追星可以把自己追成明星。

风里雨里在机场等你，是虹桥一姐的成名之路，也是很多粉丝的日常行为之一。

为何粉丝会如此热衷于为偶像接机？因为接机是一种性价比很高的追星方式。

粉丝中很多都是学生党，她们的经济能力一般，难以承受演唱会的高门票，而接机则不同，几乎不需要花钱，所以，接机这一行为备受粉丝中的学生党青睐。

当然，粉丝热衷接机不止花费低这么简单。

粉丝们不会放过任何一个可以见到偶像的机会，更何况是可以如此近距离地感受偶像。

她们平时主要是通过官博来获取偶像的资讯，或者通过电视、网络见到偶像，难以见到真人。偶像在屏幕或者舞台上时，粉丝心中会有一种距离感，而机场则不同，更具亲近感。

正是由于这种距离上的亲近，创造了无限可能。

有时粉丝可以送偶像礼物，运气好的话，还能够索取偶像签名，或者一起拍个照片，聊聊天。显然，这些在粉丝眼中都是天大的恩赐。有明星还会把粉丝接机时的合照发到微博上，偶像的这一行为，更是对于粉丝接机行为的认可与激励。

于是，她们更有动力去接机。

一些前线饭在近距离拍摄偶像之后，在粉丝圈中就更容易获得话语权。因此，工作党为了接机可能会请假，学生党为了接机可能会逃课。

机场应援衍生了灰色产业链。

接机的人员中，有些是自发的粉丝，有些是粉丝圈组织的粉丝，同时，还有一些是所谓的职业粉丝。她们并非真正的粉丝，而是明星的经纪公司雇来造势的。在人气即商业价值的当下娱乐圈，各明星之间的人气较量一刻都未停止。

对一些当红的小花小生而言，其接机粉丝通常是自发的，但是，对于那些新人，或者处于快过气状态下的明星，会选择雇佣职业粉接机，从而制造高人气的假象。

职业粉丝的存在，虽然有欺骗性质，但至少是合法的。但是，接机所衍生出来的另外一条灰色产业链则是非法行为。

有商业头脑的黄牛不会放过任何一个可能赚钱的机会。粉丝对于接机有如此强烈的需求，但是，她们的痛点在于难以获取偶像的行程，所以，解决粉丝的痛点便能够赚钱了。

有需求就会有供给。

明星有些行程是公开的，他们会通过官博放出来，或者主动告知粉丝圈大大。但是，有些是隐秘行程，这些非公开的行程如何获取呢？当然是通过黄牛花钱购买。

窃取明星的个人航班信息，是一种违法的行为。但是，在利益的驱使下，黄牛会联合机场内部的工作人员一起，将明星的行程泄漏出来，包括起飞与到达时间、登机口、同行人等诸多详细信息。有些粉丝在获取明星的具体行程之后，甚至花钱买偶像的同一航班以进行跟拍。

所以，在该因果链条上，粉丝们热衷于追偶像非公开行程的行为，变相地造成了偶像隐私的泄漏，也鼓励了黄牛的违法行为。

当然，如果你像虹桥一姐那样是个博爱粉，那么，是否获取偶像的行程就不怎么重要了。

因为她是采取一种守株待兔式蹲守，这种方式肯定能够拍到不少明星，尤其是在北上广等一线城市的机场。

相对于演唱会应援而言，接机行为的组织化程度要低得多，很多粉丝都是自发行为。正是这种低组织化，导致接机通常处于一种无序的状态。

一旦偶像出现之后，粉丝们便容易进入一种狂热状态，她们希望通过一些夸张的行为，来让偶像感受到自己的热情。所以，尖叫声会此起彼伏，声浪在机场回荡，场面会十分壮观。

这种无序的接机是很可怕的。

粉丝眼中只有自己与偶像，她们完全不顾自己的行为对于其他乘客的影响，这种狂热是对于他人出行的干扰，是对公共秩序的破坏，也是对于偶像人身安全的威胁。

可以想象，一群疯狂的粉丝拼命地挤向偶像时，是一件多么可怕的事情。

事实上，曾发生过粉丝由于过于狂热而挤碎机场玻璃的事件，最后还导致路人被玻璃划伤。因此，无序的接机行为，给机场的安保造成了巨大压力，也徒增社会成本。

接机本无错，但粉丝需要注意维护公共秩序。接机时，粉丝要保持理智，有组织地等候，不要打太大条幅，拿着小手幅即可。

当偶像出现时，粉丝不能一窝蜂地冲上去，甚至把路堵死，其他乘客也出不来，而是应该主动留出通道。

在偶像通过通道时，不要拿着手机往偶像脸上凑，更不要强行进行身体上的接触，这是对偶像的起码尊重。

同时，粉丝在见到偶像时，请尽最大努力克制住尖叫的冲动，因为机场是公共场合，你的尖叫对于他人完全是噪音干扰。

正由于机场是公共场合，要是粉丝在接机时发生了扰乱公共秩序的行为，往往容易受到媒体的关注，从而舆论的矛头最终会指向偶像，这就是典型的粉丝行为、偶像买单。

所以，接机时请克制自己情绪，自觉维护机场公共秩序，不要感动了自己，却恶心了他人。

控评，粉丝的话语权游戏

风评可以引导，所以有了微博控评一说。

微博控评是粉丝为了提高偶像的曝光率与路人缘，而在一些相关报道下进行评论、点赞等行为。

微博控评在本质上是一种话语权的争夺。

尤其是现在自媒体发达，许多营销号在利益的驱使下，会发一些具有很强引导性与倾向性的负面微博。粉丝为了减少这些微博对于偶像风评的影响，通常会进行控评。

控评一方面可以提高偶像的话题热度，从而冲击热门话题排行榜；另一方面可以把负面的评论淹没在大海中，从而达到净化评论的作用。

如果微博控评做得好，的确可以推荐路人、博得路人的好感。因为人在做出判断时，会参考别人的评价，正如大众点评网、淘宝网卖家的反馈等，都是消费者购买商品时的重要参考。

但是，如果微博控评不当，不但不能有效推荐偶像，反而会招致路人反感，从而败光偶像路人缘。

因此，掌握微博控评艺术相当关键。

由于微博是明星与粉丝的集散地，所以，微博也是粉丝控评的主战场。粉丝热衷于在偶像的微博、营销号、新浪娱乐等娱乐账号、人民日报等新闻时政类账号下开展控评。

由于粉丝的控评意识越来越强，她们把战场也拓展到了其他地方，如贴吧、天涯论坛、知乎、豆瓣等网站。有些粉丝养十几个小号，在不同的战场上忙得不亦乐乎。

控评的相关主题有偶像的作品推荐、公益宣传、综艺节目、广告代言、杂志专访等。

粉丝对于控评场所的选择要谨慎，有两种地方不要轻易控评：一是人民日报等新闻时政类账号，这类账号粉丝量相当大，粉丝的成分是复杂多样的，其粉丝并不像新浪娱乐等娱乐账号的粉丝那样，对娱乐圈与明星感兴趣，甚至有可能对于娱乐文化存在着某些偏见，控评容易招人反感。

另一类是豆瓣、知乎等网站。这些网站的网友对于电影、电视剧、演员水平等，有着自己很专业、深刻的理解，对于他人的评论，有着较高的辨识能力，所以，不要轻易去控评，否则容易引起群嘲。如果真有水平高的粉丝，偶尔去推荐一下就好。

在微博控评时，要研究好微博的热评规则，这样才能更好地帮偶像上热门话题。而且新浪微博的热评规则会不断调整，从而，相应的控评操作方法也要更新。

一般而言，常用的方法有带话题发原创微博、每日签到、带话题回复、回复自家好评、点赞自家好评等方法。

评论的时效性很重要，只要去得早，一句废话都有可能被赞成热门。如果去迟了，即使评论再好，都很可能会被淹没。

控评可采用文字、图片、视频等形式，绝大多数是以文字为主，所以，控评文案的写作相当重要。从现有的控评来看，文案存在的问题也是不少的。

很多粉丝过分追求辞藻的华丽，采用一些古文或者自认为显格调的文艺词汇来控评，而这些词的真正含义，可能她们自己也不知道。

其实文字的魅力在于传达信息，辞藻华丽与否不是最重要的，文字中感情的真实流露才有信服力与感染力。

许多粉丝只知道复制、粘贴文案来进行控评，可是，这些文案可能与报道无任何关系，比如是有关偶像电影的报道，控评可能是在夸偶像有公益心等。

粉丝在控评时应把握好度，避免无脑吹。

有些粉丝控评时，把小生被吹成了老戏骨，公益行为被吹成了拯救地球。

在控评时，很多粉丝接受不了别人对于偶像的负面评价，要是有路人发表了对偶像不好的看法，便会群起而攻之，这样让路人在评价时都要小心翼翼、如履薄冰，粉丝行为与邪教无异。

你可以把自家偶像当宝宝，但应该允许别人对他持不同看法。如果别人的评价有道理，要学会虚心接受。

批评不自由，则赞美无意义嘛！

如果是专业黑，通常可以采取无视加举报的态度。有些黑粉本是在寻找存在感，如果没有人回复，他也就失去了战斗的积极性。

黑粉的评论本来可以被淹没在人民群众的口水之中，可是，一些粉丝持续回复，与之辩论，反而把这些专业黑的评论顶上了热门，所谓好心办了坏事。

不理睬就是对黑粉最大的打击与羞辱。

"对于别人的看法，他应锻炼出一副淡漠、无动于衷的态度，因为这是培养值得称道的宽容的一个最切实可行的手段。"

叔本华在《人生的智慧》中如是说。

在某种程度上，控评可能本来就是一个比较容易招黑的行为，而屠版等行为则更不妥，因为这些行为都会严重影响路人的观感。

作为路人，可能想就某个明星或某部电影表达一下自己的真实想法，或者看看其他人对该明星的真实评价，但是，由于控评行为的存在，真正有含金量的评论可能瞬间就沉下去了，呈现在面前的评论都是粉丝的赞美。

微博控评哪家强？

爱在应援海

在演唱会时送给偶像一片海，是每个粉丝的心愿。

演唱会是粉丝与偶像直接进行互动的最佳场景，粉丝们像朝圣般，不远万里参加演唱会，只为见偶像一面。演唱会通常在一二线城市举行，看来的确是包邮江浙沪、追星北上广。

演唱会的应援并不简单，需要有能力强的粉丝圈大大来组织，需要粉丝的集体配合，需要有统一的应援方案，同时，也还需要各种配套资源。

只有这样，才能够给偶像呈现一个完美的应援。

应援方案的制定，需要对整个应援活动通盘考虑。需要注意的是，整个演唱会应该有一个统一的应援方案，而不能各个小粉丝站都按照自己的文案来，要集中力量办大事嘛。

有时候，经纪公司会与粉丝圈大大一起敲定应援方案。

在演唱会前，各种应援物应准备完毕，主流的应援物通常有荧光棒、手幅、卡通扇子、手环、糖果等。应援物品的购买费用，可以通过众筹的方式解决，粉丝圈也一般会预留应援活动的经费。

现在粉丝文化越来越成熟，明星一般都会有官方的应援色，粉丝的心愿就是在演唱会时给偶像制造一片海，可能是红海，也可能是蓝海，抑或橙海等。

在应援时，特别要注意应援色的统一，不要出现杂色，否则会影响整体的视觉效果。

除了应援棒外,智能手机在应援时也可以用来制造特殊的效果。

演唱会的花式应援很多,摆字是最为主流的一种方式。粉丝们通常会摆出偶像的名字,或者 LOVE 等图案,来表达对偶像的爱。

粉丝圈需要提前拿到演唱会场内的座位图,然后根据具体的场内布置来拼字,要是哪一环节出了问题,肯定拼不出理想的效果。

粉丝在应援时,应注意保持场内秩序,尤其要尊重场内警察与保安的安排。粉丝们容易狂热,在群体情绪的感染下,行为更为冲动,从而易造成群体性踩踏事件。

粉丝要注意自身的行为不要影响到其他观众,不要将应援手幅举得过高,以免挡住后面粉丝的视线。

演唱会时,不要随意跟唱,因为你的跟唱很可能是在制造噪音,从而会影响其他粉丝的视听效果。一首歌,通常有特定的部分才会需要粉丝跟唱,或者偶像在台上将话筒对着粉丝时,才是跟唱的时候。

在演唱会现场,甚至出现过有些粉丝因过于激动而当场昏厥的事情。所以,在演唱会时,能够控制自己的情绪,也是粉丝的一种能力啊。

演唱会结束后,不要随地丢弃垃圾,而应该自觉地把场内的垃圾清理干净,这是媒体观察粉丝圈整体素质的一个窗口。

演唱会之后,粉丝们可能会有一种心理上的落差感,偶像如此美好,而我只能够做他的一枚小粉丝,会不会觉得很伤感?

其实有这种情绪实属正常。

不过,追星的过程中,想多了就容易累,何不抛却这些烦恼,尽情地享受直面偶像带来的欢乐呢?

第十辑　乌合之众

多歧为贵，不取苟同

有人的地方就有江湖，有粉丝的地方就有掐架。

掐架的本质起因，在于粉丝之间不能相互理解。

人与人之间的相互理解实在太难，以至于村上春树感慨道，"人，人生，在本质上是孤独的，无奈的。所以需要与人交往，以求相互理解。然而相互理解果真可能吗？不，不可能，宿命式的不可能，寻求理解的努力是徒劳的。"

不知从何时开始，掐架成了粉丝圈的标配。粉丝们以掐架为乐，可以撕团队成员、撕合作对象、撕绯闻对象，也可以撕经纪人、撕路人。

她们为了保护自家偶像，两天一小撕，三天一大撕，话不投机半句多，一言不合就掐架，俨然一副撕尽天下人的姿态。

一些粉丝的脑洞很大，可撕的点也很多，你家偶像整容，你家偶像炒绯闻，你家偶像话题碰瓷，你家偶像代言差，或者你偶像那张街拍的造型是抄袭我家。

从历次掐架看来，似乎任何或大或小的点，都可成为粉丝掐架的缘由。

由于新浪微博是明星的聚集地，所以，微博便成了掐架第一战场，粉丝们的掐架也时常会成为热门话题。

当然，粉丝们寸土必争。除了新浪微博之外，贴吧、天涯论坛、豆瓣等地方的战争也异常激烈，现在，掐架的战场慢慢拓展到了知乎。

互联网时代，最大的特点是虚拟社会与现实社会的互动融合，这点在粉丝圈掐架中也存在。曾发生过某团队不同队员的粉丝因应援的事情在网上吵架之后，直接引发了现实中的肢体冲突。

许多粉丝是玻璃心的集大成者，宛如加强版的林黛玉。

总之，一些粉丝为了逞一时口舌之快，语言的恶毒与下流程度超乎我们的想象。

通过我对多起粉丝掐架事件的围观来看，绝大多数都是女生在互掐。这些女生年龄普遍不大，很多小学生、初中生，该年龄段的女孩，本应处于最简单、纯真、青春的花季。

可惜，事实并非如此，有些女孩已因为追星而彻底迷失了自我。

从有些女孩的照片来看，纯属乖乖女，微博主页给人一种爱学习、有修养还有些小文艺的感觉，可惜在掐架的时候，她们却完全是另外一种形象。

人的体内果然住着很多恶魔。

掐架是没有硝烟的战争，战争的主力是女人，武器是口水，战场是网络。战况通常异常激烈，因为战士们如打了鸡血般兴奋，专业掐架三百年，战斗力冲破天际。

虽然掐架是每个粉丝圈的共性，但是，不同的粉丝圈又存在差别，这与明星有直接关联。

一般而言，实力派明星的粉丝更喜欢静静地听偶像歌曲、看偶像电影，但是，偶像派明星的粉丝则大不相同。

粉丝们掐架有一个很重要的关注点，便是各家正主的演技。即使明星再没演技，粉丝们也不容许别人评价，于是一场场掐架反复上演，江湖上总是掀起腥风血雨。

粉丝呈现低龄化趋势，偶像派小生的低龄粉尤其多，很多小学生可能的确是作业太少，整天在网上以掐架为乐。

她们虽然年龄小，但却有一种亲妈护儿的责任感与使命感，那些粉丝圈大大对她们招之即来、来则能战，且战斗力爆表。

可惜的是，许多低龄粉丝尚且没有成熟的世界观与价值观，对于很多事情缺乏理性的思考，全凭感情行事，她们太容易被别人带节奏。

这些煽动的人，可能是想证明自己号召力的粉丝圈大大，可能是想吸引流量的营销号，也可能是想以掐架方式来维持热度的经纪团队。

显然，这些可爱的小粉丝们也不负众望。

她们体内仿佛有无穷的洪荒之力无处释放，在正义感的驱使下，听风就是雨，一点就炸，被别人当枪使，指哪打哪，所过之处，寸草不生。她们的日常不是在掐架，就是在掐架的路上，真是比偶像的亲妈还操心。

粉丝们入戏太深，投入太多，爱得太真。

她们把偶像当成了自己的投射，别人对于偶像的非议，便是对她们信仰的否定。在她们看来，你们可以否定我，可以骂我，但是，不能对我家偶像有半点异议。

粉丝护主心切，可能节目中的一个小动作，就觉得自家偶像受委屈了，被欺负了，所以不能坐视不管。于是，各家粉丝为了维护自己的精神支柱，掐架成了必然。

很多粉丝的价值观是，我家偶像是最好的，谁敢说他半点不是，定撕得他片甲不留。

这些粉丝所信奉的人生哲学是，与天撕，其乐无穷；与地撕，其乐无穷；与人撕，更是其乐无穷。

一个个在掐架中养成了孔明舌战群儒的本领，但掐架的姿态实在太难看，道德与智商水平趋近于零，毫无优雅可言。

女人何苦为难女人？

小撕怡情，大撕伤身啊！

粉丝圈硝烟起

政治学家霍布斯极富洞察力，他在《利维坦》中认为，"在人类的天性中我们便发现：有三种造成争斗的主要原因存在。第一是竞争，第二是猜疑，第三是荣誉。第一种原因使人为了求利，第二种原因使人为了求安全，第三种原因则使人为了求名誉而进行侵犯。"

这三大原因，完美地解释了粉丝之间为何会掐架。

谭张争霸开启了粉丝掐架的时代。在谭咏麟与张国荣事业发展最巅峰的阶段，也是两人粉丝掐架最为猛烈的时期，粉丝都认为自家的偶像才是乐坛霸主。

两人粉丝的掐架，与现在的掐架有诸多共通之处，但是，又有很多不同。

现在粉丝掐架主要发生在女人之间，常见方式是在网络上打水口战。而谭咏麟与张国荣的粉丝中，男人与女人均很多，大体上男人的比例还超过女人。

男人一多，暴力因素也会相应增加，如国内的足球比赛就经常会发生球迷之间的暴力冲突。

彼时，两家粉丝之间相互谩骂是常态，甚至有夫妻因为同粉不同的明星而吵架离婚。

谭咏麟与张国荣都很有艺术造诣，所以，两家粉丝的争论焦点在艺术成就，争论通常会很有含金量。

现在的粉丝就没有这烦恼，因为很多当红小花小生根本没有演技而言，所以，粉丝们的争论点就聚焦在除演技以外的其他因素。

这家粉丝说，你知道我家偶像有多努力吗？他一天工作 20 小时！他家粉丝就会立马不甘示弱地反驳道，你知道我家偶像有多努力吗？他生病发烧到 40 度还在坚持排练！

现在不同明星的粉丝掐架频上热搜，原因也各异。

撕与自家偶像有较强竞争关系的明星，是一种常态，也是掐架的主流。

这些明星由于咖位较接近，事业发展路线有很多相似之处，在影视资源、综艺资源、时尚资源、广告资源等方面，存在着诸多直接竞争。

而这种竞争关系发展到了粉丝那里，便是掐架了，仿佛撕得越激烈，就越能够为偶像争取利益。

有些明星在生活中是好哥们，在事业上是好伙伴，可两家粉丝却水火不容，整天撕得不可开交。

虽然好像没有明星直接对粉丝掐架有过回应，但是，两个人可能本来是关系不错的朋友，但粉丝总是掐架上热搜，他们见面时多少会有些尴尬吧？以后再合作时，也肯定会有所顾虑吧？

有些明星的粉丝，自家偶像合作一家，她们就撕一家。

如果票房或收视率高，就是自家的功劳。如果票房或收视率扑街，那便甩锅给对家。

有一种恋情叫宣传期恋情，现在越来越多的综艺节目、电视剧、电影在宣传时，喜欢组情侣。组情侣是极易取得推广效果的一种营销方法，明星显然也习惯于接受节目组的这种策略。

但是，粉丝便愤怒了，我们这些女友粉没有同意，你凭什么和我家宝宝组情侣？

于是，骂战便又产生了。

如果两个明星同属一个经纪公司，公司通常会采用旧人带新人的培养方式。这时粉丝不乐意了，会认为公司在打压自家偶像，把偶像的资源分给其他人，同时指责新人倒贴。

有些甚至是节目中的一个动作，便能挑动粉丝们的神经。

粉丝护主心切，不想让自家偶像受一点点委屈。当两个明星合作同一部作品时，番位便成为粉丝必争之地。

如果是两个男演员或两个女演员的模式，那么，谁是一号？谁是二号？

如果是男一号与女一号的模式，那么，应该是男明星的名字排前面，还是女明星名字排前面？

如果作品反响好，此时掐架就更厉害，粉丝都认为是自家偶像的功劳。要是作品扑街，那就轮到二番、三番的粉丝撕一番粉丝了。

当粉丝们义愤填膺地掐架时，投资方、经纪公司都在后面偷乐着，对于这种掐架喜闻乐见。因为，这是一种完全无成本的造势，提高了电影或电视剧的曝光率，也增加了明星的人气，何乐而不为呢？

如果没有引发掐架，节目的宣传还需要费尽心思打造几个炒作点，现在粉丝之间开展激烈掐架，节目的关注度自然就上来了。

所以，很多时候，粉丝掐架的背后都是有策划的。当然，一点就炸的粉丝不会想这么多。

只要有竞争关系存在，粉丝之间的掐架便不会停止。

团队内的资源博弈

TFBOYS 是近年来我国最引人注目、最具人气的少年偶像团体，同样引人注目的，还有该团体粉丝的内部掐架。

TFBOYS 粉丝的属性多元化。

根据数学的排列组合来看，有团队粉丝、凯饭、源饭、千饭、凯源饭、团偏凯、团偏源、团偏千等。

从身份定位来看，这些粉丝中有后妈粉、亲妈粉、阿姨粉、姐姐粉、女友粉、事业粉等。

粉丝属性的多元化，直接导致了粉丝掐架的常态化。

新浪微博的热门话题里时常会出现 TFBOYS 粉丝的掐架，虽然每次粉丝掐架的原因各异，但本质上都是一样的，那就是各家粉丝都觉得公司的资源分配不均衡，故意偏心他家、打压自家。

诡异的是，各家总能够用强有力的实锤来证明公司偏向他家。时代峰峻也是挺不容易的，能够成功地让各家粉丝都觉得自家偶像受到了不公正待遇。

除了三家唯饭之间的掐架外，还有凯源饭与千饭之间的掐架也很常见。

由于先有凯源组合，易烊千玺是后期加入的，于是，这便成为重大的争议点。

凯源饭会认为千玺占了凯源的便宜，如果没有千玺的加入，凯源照样会走红，而且比现在更红，因为现在公司总喜欢打压凯源来捧千玺。

对此，千饭会反击，凯源在千玺加入之前没有红，因此，千玺对于组合的走红有重大功劳。但是，公司对待千玺不公正，把资源都倾斜给了凯源，如果千玺没有加入，一个人也可以发展很好。

历史不能证伪。

所以，我们不能够确定，如果当初千玺没有和凯源组成组合，现在各家的发展如何。但是，我们可以大胆设想一下，如果当初千玺没有加入，或者现在TFBOYS组合解散各自单飞，三人会有怎样的发展前景。

人性存在很多弱点。

有些人只能够同甘而不能够共苦，而有些人只能够共苦而不能够同甘。

当三小只还未火起来时，粉丝齐心协力，一心想着让他们走红，但是，等到他们迅速爆红之后，粉丝之间的分裂也迅速加剧。

当然，时代峰峻对粉丝的分裂有不可推卸的责任。

TFBOYS的走红速度实在太快，公司还没有明白怎么回事，该组合已经圈粉无数，蹿红至一线了。

虽然现在时代峰峻在娱乐圈已具有一定影响力，但在TFBOYS刚走红时，其运作能力实在太有限。该公司不懂怎样安抚粉丝情绪，不懂怎样维护组合的团结，还认可了三小只各人都有自身的应援色等，这些都加速了粉丝之间的分裂。

许多粉丝都认为自家偶像被团队另外的成员拖后腿了，要是解散组合，肯定会有更好的发展。

然而，事实真会如此吗？

我们大胆地假设一下，不管该组合未来会怎样，至少就现阶段而言，如果该组合解散，他们各自的发展前景堪忧。

三小只是命运共同体，三人各自有自己的优势，然后，优势互补，才让组合的表现可圈可点。

作为从时代峰峻这一小作坊成长起来的一线当红偶像团体，TFBOYS的成名有着太多的天时、地利与人和，本土成长型少年偶像团体的定位，是该组合成功最为关键的因素。

其中，关键词有本土、成长型、少年、团体。

以组合形式出道是韩国娱乐产业的主打产品，国内并不缺少童星，但是，自从小虎队解散之后，国内娱乐市场上没有比较成气候的少年偶像组合，TFBOYS 的出现恰好弥补了这一空白。

成长型偶像培养模式在国内也不是太流行，TFBOYS 的偶然尝试获得了成功，主要是因为粉丝们对这种模式充满了新鲜感。

但是，成长型培养模式在国内很难复制，因为娱乐圈整体弥漫着一种浮躁的情绪，很多人难以有充足的耐心，再去陪伴另外一些组合慢慢成长，有TFBOYS 这一组合就够了。

正是由于 TFBOYS 成功有诸多偶然因素，所以，在 TFBOYS 之后，很多娱乐公司都想复制其成功模式，但基本上没有成功的。

如果该团队解散，便意味着他们主动抛弃了这些最有价值的标签，所以，一旦解散，三人的发展前景充满着不确定性。国内现在如此成熟的造星机制，分分钟就可以选出一大批颜值高、有才华的小生同他们竞争。

即使三小只之间存在竞争，有利益冲突，但是，合作是他们在现阶段的必然选择。

冲突与合作是人类社会的重要主题，对此，经济学、社会学、政治学等学科都给予了很多关注。

2005 年，瑞典皇家科学院授予经济学家奥曼与谢林教授诺贝尔经济学奖，以表彰他们"通过博弈论分析而增进了我们对冲突与合作的理解"。

谢林教授在研究博弈论时提出，"几乎所有的多人决策问题，都是涉及相互冲突与共同利益，而主动约束自己的利益选择，会增强个人的自我主动性。"

简单地理解，就是合作是一项含有利己与利他的行为，每个人可能与其他人存在利益冲突，但是，个体在某次博弈中牺牲一些利益，反而可以实现利益的最大化。

影响团队成员合作意愿的约束条件包括博弈的重复性、合作成本、对于合作结果的感知、群体成员的归属感与认同感、成员间的协调与沟通，还有群体外的竞争与威胁等。

在这些因素的综合作用下，TFBOYS 的三人达成了一种博弈均衡。

对于三小只而言，在没有更好的选择之前，维持 TFBOYS 组合的现状是最好的选择，有利于实现他们每个人的利益最大化。

可惜，粉丝在掐架时都希望自家偶像单飞，这本质上是在打破三人之间的博弈均衡。

不管未来 TFBOYS 是与粉丝一起实现十年之约，还是各自单飞，至少现阶段还未到解散时机。要是该组合现在真解散了，三人发展的最大优势将不复存在，甚至有可能从一线迅速跌至三四线。

可惜很多喜欢掐架的粉丝不想这么多，她们的核心任务，就是天天想着自家偶像被公司打压了，被团队另外的成员占便宜了，于是，便撕着吵着要自家偶像单飞。

要是组合真解散了，你们能够带着偶像飞吗？飞到一个全新的高度吗？

手撕经纪人

在撕尽一切可撕之人的时代，经纪人自然也是粉丝目标之一。

对于明星而言，经纪人是一类特殊的群体，不同国度的娱乐圈里，经纪人所扮演的角色有很大不同。

在日韩，经纪人一般是提供一站式服务。

许多小孩在十来岁的时候，便通过选拔进入公司进行练习生培养。经过几年的训练之后，公司再从练习生中挑选合适的人，打造成组合出道。

通常，练习生需要与公司签订很长时间的合约。在合约期间，明星的衣食住行、职业发展等方方面面，均由经纪公司安排，明星几乎没有自主权。

我国娱乐圈的经纪人模式经历了从家庭保姆式向市场化、职业化转型。

以前，明星的经纪人通常由经纪公司配备，明星自身没有太多话语权。后来，随着娱乐产业的成熟，经纪人的职业化水平越来越高。有些明星在不知名时，先加入经纪公司慢慢成长，等到成名之后，再成立自己的工作室，并签约新人。

经纪人模式发展至今，明星与经纪人的关系主要是两种形态，其一是明星签约经纪公司，公司给明星配备经纪人；其二是明星自己成立工作室，自己当老板，经纪人是明星雇佣的。

相比较日韩明星而言，国内明星的话语权大得多，明星与经纪公司之间的博弈关系，本质上与明星的可替代性与可复制性直接相关。

在韩国，经纪公司很强势，明星的发展均由公司决定，因为韩国的娱乐资源几乎被几大经纪公司所垄断，如果有明星不听话，成熟的造星机制可以批量造很多人来迅速替代他。

而中国则明显不同。

以前中国香港娱乐圈与韩国较类似，社会的娱乐资源被几大公司所垄断，公司想让谁红，就把资源都给他，这样，该明星自然就红了。

但时至今日，情形已大为不同。

粉丝经济时代，各娱乐公司之间竞争激烈，谁也难以凭一己之力来垄断娱乐市场。

明星的走红有太多偶然因素，也许明星与经纪公司自己都还不明白怎么回事，就已爆红至二三线了。

在这种情况下，经纪公司显然会很尊重明星的想法，如若该明星出走了，公司再打造出一个二线三线明星可能需要等到猴年马月。

不论明星与经纪人处于何种关系形态，对于明星而言，经纪人都是不可或缺的。同理，对于经纪人而言，明星是必不可少的。

所以，经纪人与明星是利益共同体。

经纪人的定位与核心价值，是包装好、策划好明星，然后再把明星当成商品卖出去。

包装与策划的过程，是经纪人创造价值的过程，明星的商业价值与此息息相关。

经纪人需要具备职业道德与专业素养，有些经纪人把找上门的好资源给暴力拒绝了，有些经纪人不但不能帮明星灭火，反而替明星到处树敌。

显然，这些都是不合格的经纪人，被粉丝撕也属咎由自取。

通常情况下，经纪人这一行业对于学历没有太多限制，但是，对于情商则有着很高的要求。

这与经纪人的职业特性有关。

把明星包装好，是经纪人工作的第一步。

经纪人需要根据明星的特质，来打造好人设。是走文艺青年风、阳光暖男风，还是居家好男人风，这些都需要精心策划。确定好人设之后，以后的努力均围绕此人设展开。

经纪人是影响到明星职业道路发展关键人物，所以必须要有远见。

有些经纪人很短视，急于将明星的人气赶快变现，什么样戏都愿意接，什么样的广告都愿意拍，这是对于明星形象定位的一种损害，极不利于其职业的长远发展。

经纪人需要有很广的人脉，并且善于经营这些资源。如果可以和张艺谋导演等大咖谈笑风生，那么，这样的经纪人带出来的明星显然不会差。

有些经纪人在娱乐圈里摸爬滚打十几年，在影视圈、时尚圈、广告圈等行业都有很深积累，这些可谓金牌经纪人，也是各明星所青睐、争取的对象。

沟通能力对于经纪人来说至关重要。

他们需要与各方都要打理好关系，需要争取广告资源、影视资源，需要把媒体安抚好，需要花钱发通稿把喜欢搞事情的营销号收买好。遇到负面消息的时候，要第一时间出来辟谣，如果有必要，还必须强硬地诉诸法律。

正因为经纪人与明星是利益共同体，如果经纪人没有做好，会直接影响到明星的发展。

彼时，明星与粉丝都对于自己的发展没有太多话语权，决定权主要在经纪公司。所以，那时基本上不会出现粉丝撕经纪人的行为，否则，公司可能会直接将该明星冷藏，然后把资源拿去捧另一明星。

今日，博弈的格局已完全变化。

在粉丝经济时代，流量是明星商业价值最重要的衡量指标，没有之一。所以，经纪公司越来越看重粉丝的意见。

粉丝对明星的发展越来越具有话语权，甚至某些时候具有决定权。尤其是那些事业粉，对于明星的发展有着充分思考，如果经纪人做得不够好，她们就会带动其他粉丝一起，通过微博刷屏等方式，来表达不满。

所以，粉丝手撕经纪人的戏码经常上演，这在以后将成为娱乐圈的一种常态。

相比较以前零碎的话语表达不同，现在粉丝撕经纪人时，通常有着较强的组织化，像武王伐纣一样，发布一些战斗檄文，洋洋洒洒上万字来历数经纪人的十宗罪。

讨伐檄文逻辑清晰、层次分明、有理有据，经纪人似乎要以死谢天下，方能平息粉丝心中的怒火。

粉丝们的诉求也多元化。

有些是要求经纪人做出相应的改正，或者撤销某些代言决定等，而有些则比较狠，直接向公司施压，要求经纪公司换经纪人，或者劝偶像换经纪公司。

资源分配不均是粉丝掐架的主因。

TFBOYS 的粉丝频繁撕公司，其核心原因是各家粉丝均认为公司资源倾向于团队中的他人，而打压自己偶像。

其实粉丝们撕经纪人的点很多。

当网上有偶像的负面消息时，粉丝会撕经纪人危机公关能力弱，行动不迅速，没有诉求法律武器。

当偶像新作品出来时，粉丝会撕经纪人营销能力差，对偶像作品的推广力度不够。

当偶像有了代言时，粉丝会撕经纪人资源太少，接得广告太低端。

当偶像出机场时，粉丝会撕经纪人对偶像的安保不够。

当偶像吃饭的照片流出来时，粉丝会撕经纪人没有自知之明，竟然敢和偶像同坐一桌吃饭。

总之，粉丝们一言不合就掐架，有些理由是比较正常的，而有些理由就相当奇葩了，比如撕经纪人同偶像在同一桌子吃饭这一点，让人难以理解粉丝的脑回。

面对粉丝的掐架，经纪公司通常会有一些回应措施，甚至直接换经纪人，某当红小生已经被粉丝撕走了多任经纪人。

明星与经纪人本是利益共同体，在面对粉丝的掐架时，经纪人可能会隐忍不发，也有可能会反抗。

明星与经纪人的友谊小船说翻就翻了，有时还翻得很彻底。就像情侣一样，有些能够和平分手，而有些则演变成为各种狗血剧。

由于经纪人掌握了明星太多内幕消息，如果把这些黑历史都曝光，必然会破坏明星的形象。

当然，如果两者不是闹得特别僵，经纪人通常不会爆料。因为，保守这些秘密是基本行规，毕竟经纪人还要在娱乐圈吃这一碗饭，要是全爆料了，以后哪个明星敢用他呢？

所谓做人留一线，日后好相见嘛！

对于粉丝手撕经纪人，我们要理性思考、辩证看待。

手撕经纪人可以对经纪人的工作起到监督作用，也间接提高了经纪人的专业水准。

被撕之后，不管经纪人有没有直接回应，想必以后他们会更注重提高危机公关能力，会提高明星的安保水平，会直接拒绝三无产品的代言，不再随意捆绑明星与他人炒作。

但与此同时，粉丝们也应反思自己的行为，不能为撕而撕。

明星的职业发展，就如同大学的发展一样。

每个校长对学校的发展有自己的理解，上任之后，提出的发展战略才推进半年，就又换校长了，这样的学校怎么会有好的发展呢？

同理，明星本与经纪团队存在一个磨合过程，频繁换团队，对于明星的职业发展并非好事。

你家偶像是否是特殊体质？为何遇到的经纪团队总是不行呢？是不是也需要反思一下自己？

粉丝的套路很深。

自家偶像取得了成绩，全都是偶像自己努力的结果，而不好的事情则全甩锅给经纪人，与偶像无关，自家偶像只是个无辜的宝宝。

明星是娱乐产业中的商品，其质量与品牌声誉是众多人一起努力的结果，粉丝粗暴地否认经纪团队的功能，明显存在认识上的偏颇。

明星、经纪人与粉丝，这三者本是利益共同体，其目的都是为了让明星发展得更好。

粉丝手撕经纪人，是一种爱的表达方式，但不要为撕而撕，在撕的同时，可以考虑提出更多具有建设性的建议，而不要想着换团队而完事。

很多时候，粉丝所掌握的信息是非对称信息，她们不了解偶像的真实情况，不了解很多决定的来龙去脉，她们只是站在自己的立场上发表自己的愤怒。

　　显然，相比之下，经纪人所掌握信息则更为全面，他们所作出的决定是综合考虑、认真权衡后的结果，也是明星愿意接受的。

　　当前娱乐生态下，明星的话语权很大，所以，粉丝们不要整天觉得自己的偶像受了天大的委屈，因为某项决定幕后的事情，只有明星与经纪人知晓，粉丝们无从知晓。

　　粉丝撕经纪人，通常是出于善意与爱，这可以理解，也可以鞭策经纪人提高自己水平。

　　但是，粉丝们也要学会尊重偶像与经纪人在事业方面的选择与决定。

粉丝掐架之殇

福柯在《疯癫与文明》里说，"人类必然会疯癫到这种地步，即不疯癫也只是另一种形式的疯癫。""非理性是疯癫的支柱。或者说，非理性固定了疯癫的可能范围。"

粉丝的形象跃然纸上。

不同之处在于，福柯笔下的疯癫，似乎是一种智慧的极致，而粉丝的疯癫，则是一种无脑的疯狂。

对于诸多粉丝而言，疯狂是一种常态。如果此刻她们没有疯狂，那一定是在酝酿着更大的疯狂。

一旦掐架，粉丝便易陷入疯狂之中。

掐架总是有情绪而无逻辑。有些粉丝一直置于害怕的心境之中，她们不惮以最坏的恶意来揣测他人，害怕自家偶像被公司打压，害怕被其他明星抢走资源，害怕被营销号消费，害怕被路人陷害。

于是，该心态造就了很多粉丝的被迫害妄想症，任何人都有可能成为她们的假想敌。

正缘于此心态，粉丝们总是戏太多。

明星是粉丝们的自我投射，在粉丝眼中，偶像是世界上最完美的。粉丝会把他人对于偶像的异见或者否定，当成对自己信仰的否定。此时，她们便会极力维护自己信仰，去同他人掐架来证明自己的信仰是神圣不可侵犯的。

这种天生的正义感与爆棚的责任感，使她们一旦感知到任何风吹草动，便会觉得自己偶像受委屈了，自己必须出面去保护他。

须不知，她们实际上充当了猪队友的角色，尤其是有些粉丝喜欢顶着偶像 ID 与头像到处找人掐架，这样明显会降低路人对她家偶像的好感度。

粉丝圈掐架最忌讳上升到偶像，这是掐架的底线。

有些争论原本很小，但是，如果有一方攻讦了另一方的偶像，那么，此讨论瞬间会升级为两家粉丝之间的战争。甚至有些粉丝在骂了一大段话之后，还特意艾特他家正主，这样，矛盾便再次升级了。

先撩者贱应成为粉丝圈共识。

有些粉丝喜欢先泼脏水，然后再扮小可怜、装无辜。等到理亏与词穷的时候，便开始爆粗口，各种问候别人家人。

《荀子》里说，"与人善言，暖于布帛；伤人以言，深于矛戟。"

这句话是说，美好的言辞，比布帛还要温暖，而出言伤人，比用长矛利戟来伤人还严重。

粉丝应从古人的智慧中汲取养分，做到佛系追星、道系追星、儒系追星。所以，即使掐架也请有节操，要撕得优雅，而不是比谁粗口多。

粉丝请多读书吧，读书会明理。

你会慢慢懂得，世界上并没有完美的人，包括你偶像。

你会慢慢知道，社会的发展是多元的，价值观也是多元的，有时别人只是在客观地评价你家偶像，并没有恶意，没有必要因为别人的一句小小评论就攻击他。求同存异与相互尊重实乃难能可贵的品质。

你会慢慢明白，找人掐架并不是表达爱的最佳方式，如果真正爱他，就多一点打榜、少一点掐架，不要给偶像招黑，圈地自萌也是一种美。

同时，你也会慢慢发现，偶像不应该成为自己人生的全部，学习、工作、家庭等都很重要。

如果读书不能够提高你修养，也至少能够让你在骂人时，词库会更丰富一些。否则，总是问候别人祖宗十八代，毫无技术含量。

天涯论坛上李白粉丝与杜甫粉丝之间的掐架，高端洋气上档次，低调奢华有内涵，简直是掐架界的一股清流。

有些明星颇具修养，情商亦很高，为何粉丝不能见贤思齐呢？

多提升自我修养，陪偶像一起看细水长流不是一件很浪漫的事情吗？为何要通过掐架来表达爱意呢？难道在粉丝的价值观中，撕得越猛代表爱得越深吗？

追星本是为了开心，如果追星追得整天掐架，徒增烦恼，那么，追星还有什么意义呢？

可惜，永远无法叫醒一个装睡的人。

有些粉丝会选择自动屏蔽理智的声音，然后义无反顾地加入掐架中。

然而，粉丝圈的掐架，是一场没有胜利者的战争。一旦开始，没有人会轻易认输，更不会有人道歉，因为认输与道歉就是替偶像丢脸了。

虽然明星很少对粉丝掐架作出回应，但是，粉丝与偶像有着天然联系，粉丝行为、偶像买单这句话也许在逻辑上说不通，但的确是客观事实，粉丝掐架极易败坏偶像的路人缘。

对于看热闹不嫌事大的路人而言，他们可没有兴趣来弄清楚两家粉丝掐架的来龙去脉，因为两家看起来都好有道理的样子。

所以，干脆谁也不相信，谁家的骂相更难看，谁家的用词用恶毒，便否定谁。

在新浪微博上围观了众多粉丝掐架之后，我的深切体会是，真正掐起来，还真没有哪家粉丝比哪家粉丝素质高，都是半斤八两。

因为，情绪早已把理性与修养都淹没掉。

对于他人的不同意见，粉丝要学会和平、理智地讨论，不要被情绪所主导，不要预设天下人都欲迫害自家偶像。同时，对待善意的批评，粉丝应该欣然、主动地接受。

言之者无罪，闻之者足以戒。

所以，对于听的人而言，要反省自己，有错就改正，如果没有错，就当成别人在提醒自己。

对待恶意的批评甚至攻讦，粉丝则不必过多理会，因为你越理会黑粉，她们就越有存在感，骂得越起劲，这样便形成了恶性循环。对待黑粉的正确态度是，与其掐架，不如举报。

当然，要粉丝做到完全理性与客观几乎是不可能的，因为，粉丝是天生自带立场的，这种立场会直接影响她们的价值判断。

粉丝圈和平与世界和平一样，都是奢望。

能够解决粉丝圈掐架难题的人，可能会获得诺贝尔和平奖。

愿粉丝圈少一些掐架，我的理想是粉丝圈和平、世界和平。

以正义之名，行暴力之实

网络暴力并非陌生词汇。

在互联网上，我们可能或多或少地遭遇过网络暴力，甚至可能实施过网络暴力。

互联网不是法外之地，但是，网络暴力的边界模糊，各类也呈现多元化。

有些行为违反了道德，但似乎并没有违法，比如对他人进行谩骂、诅咒，而有些行为则明星是违法了，比如在网络上公布他人的身份信息、航班信息、家庭住址等。

如果说谩骂属于语言上的暴力，那么，有些暴力甚至直接从线上转延伸到线下，虚拟暴力现实化。

有些粉丝通过人肉搜索找到了他人的住址、工作单位，然后对他人进行人身伤害。

在娱乐圈里，常见的网络暴力有粉丝针对其他明星的，也有不同明星的粉丝之间的网络暴力，还有粉丝对路人的网络暴力。

很多明星都遭受过网络暴力，类似"某某滚出娱乐圈"等热门话题也不时会在微博出现。从许多粉丝的话语来看，仿佛该明星犯了不可饶恕之罪，其一言一行皆为错。

不同明星的粉丝之间时常会发生网络暴力，而路人显然也不能幸免。

如果路人在关于某明星的新闻下面，评论了一句不是太认可该明星的话，那么，他很可能会被其粉丝撕，各种人身攻击会接踵而至。

此时，你会深深地感受到，类似你行你上啊、你知道他有多努力吗等话语，是多么温柔、多么可爱。

互联网是神奇的技术，它能够把人性中最黑暗的一面激发出来。

在现实中，我们的行为会受到道德和法律制约，所以，自律程度很高。但是，很多人在现实中与网络上完全是两副面孔。

网络给予每个人自由发言的权利，但是，这种权利应该受到约束。

何以约束？靠法律与道德。话语权只有受到法律与道德的约束，才不会异化成伤害他人的利剑。

传播学里面有一个经典的传播学理论，叫"匿名制服效应"，互联网就极大地吻合了该理论。

现在我国尚未完全实行网络实名制，这种网络匿名性就如同给我们每个人穿了一套制服。有些粉丝穿上该制服之后，就摆脱了道德与法律的约束，从而为所欲为。

在粉丝圈待久了，很多粉丝长期处于一种极度疯狂、痴迷、无理智的状态，具有很强攻击性。

一旦遇到路人对其偶像持有异议，她们便会各种歇斯底里、各种问候家人、各种突破道德甚至法律底线，只恨不能顺着网线把人家剿灭。

显然，这与邪教无异。

但可悲的是，该状态是很多粉丝和粉丝圈的常态。

法国社会心理学家莫斯科维奇在《群氓的时代》一书中指出，人类有很强的盲从性，"人们像社会动物一样聚集在一起。他们沉醉于从过度兴奋的人群中迸发出来的神秘力量，然后又逐步进入易受暗示影响的状态，就像那种由药物和催眠术引发的状态。只要在那种状态中，别人说什么，他们就相信什么；别人要他们做什么，他们就去做什么。"

有没有经历过这种状态？或者自己观察到有些粉丝是这样？

很多粉丝都有法不责众的心理，在该思维的指引下，她们容易陷入集体无意识，置法律与道德于不顾，通过各种手段来宣泄自己的不满情绪，肆意践踏他人的名誉权与隐私权。

粉丝低龄化的趋势明显，她们三观还未培育成熟，一旦有粉丝圈大大的煽动，便立马切换到战斗状态。

相信很多人都有过这样的经历，自己准备对某个小生的尴尬演技发表看法，但是，顾虑到很可能会遭受其粉丝的攻击，于是，选择了沉默。

本质上，这是狂热的粉丝在网络上建构了一个话语暴力环境。

她们整天夸自己偶像演技炸裂，所以，也只能够接受别人对其偶像的支持与赞美，一旦他人有异见，便会迅速群起而攻之，轻则人身攻击，重则演变成为现实的人肉搜索与人身伤害。

互联网本应是一个自由的意见市场。

开放的现代社会，价值观呈现多元化。在不违反法律与道德的前提下，路人有权对明星发表不同看法。但可怕的是，极端粉丝顺我者昌、逆我者亡的心态，打造了一种让路人不敢说真话的互联网生态。

政治学家马基雅维利在《君主论》中早已教导我们，"身处一群不怎么善良的人中间，一位始终信奉为善的人终会覆灭。因此，对于一位希望保全自己的君主，学习如何不为善，如何根据情况使用或不使用这门知识是十分必要的。"

所以，当路人遭受粉丝的网络暴力时，路人也会为恶，从而变成其偶像的黑粉，因为只有这样主动攻击对方，才能更好地保护自己。

其实，我们每个人都可能是网络暴力的受害者。

没有人愿意遭受网络暴力，所以，也请不要对他人实施网络暴力。

己所不欲、勿施于人，这是儒文化的精髓之所在，望各位粉丝共勉。

第十一辑　粉丝物语

脑残粉的罪与罚

脑残粉是粉丝圈中最为奇葩的存在。

社会学家霍弗在名著《狂热分子》中指出，"人们评价一个种族、国家或任何其他群体时，往往是在该群体最低劣的成员中取样。这种做法尽管有失公允，却不是全无道理。一个群体的性格和命运，往往由其最低劣的成员决定。"

粉丝圈亦如此。

通常情况下，一个脑残顶十个黑粉。当路人被某个脑残粉攻击之后，他们自然而然地把自身对于脑残粉的愤怒与憎恨，转移到整个粉丝圈及其偶像身上。

脑残粉究竟是怎样炼成的？

我们看看网友给"脑残"一词所下定义：

Your brain has two parts: the left & the right. Your left brain has nothing right, and your right brain has nothing left.

英语和汉语一样，果然博大精深。

脑子是个好东西，可惜很多脑残粉没有。

在一定程度上，脑残粉的行为与价值观是一种病态。她们三观不正、是非不分，喜欢强行辩解、道德绑架，热衷于强行推荐、强力护主，具有被害妄想症与玻璃心。

她们的日常行为是掐架，与团队撕、与路人撕、与其他粉丝圈撕，一言不合就掐架，情绪容易亢奋，极富斗志。

对于每一个体而言，理性程度越低，脑残程度越高，反之亦然。脑残粉并非天生脑残，她们由正常状态变为脑残，就是理性逐渐丧失的过程。

脑残粉，该词的核心是脑残而非粉，因为，即使她不追星，在其他方面也容易是脑残。

追星的粉丝中，绝大多数都是女生。相对男生而言，女生天生偏感性，情绪更容易被调动，所以，她们习惯跟风，极易被他人带节奏。

当然，这并非说男生不脑残，他们只是不像女生这样习惯于把脑残轻易表现出来而已，君不见球迷中脑残粉的脑残程度，丝毫不逊于粉丝圈女粉。而且，粉丝圈粉丝往往只是在网上掐架，而这些球迷往往会在现实中打架、斗殴等。

脑残粉与脑残黑没有本质区别，两者都是脑残，只不过一个是粉、一个是黑。但是，结果一样，都会给某个明星招黑。

不同的是，脑残黑容易引起路人对于被黑明星的同情，从而替明星博得部分路人好感，而脑残粉则极易给明星实力招黑。

所以，脑残粉比脑残黑更可怕。正所谓不怕神一样的对手，就怕猪一样的队友。

每一粉丝圈均存在脑残粉，但是，各粉丝圈脑残粉的数量与比例有所不同。林子大了，什么鸟都有，粉丝群体的基数越大，脑残粉的数量就会越多。

许多明星在十八线时，粉丝圈素质都挺高，一旦该明星蹿红至一二线时，粉丝数量激增，此时，大量的脑残粉也一并涌入。

实力派明星所吸引粉丝，往往具备了一定的艺术鉴赏能力，而具有这些能力的人，往往会年龄偏大，三观更为成熟。

但是，偶像派明星的粉丝群体则明显不同，他们主要靠颜值吸粉，这决定了其粉丝群体中，低龄少女是主力，她们的价值观正处于形成过程中，追星行为由情感来驱动。

年龄是关乎理性程度的关键变量。

与年龄相关的，是人生的阅历与成熟度，以及与此相关的认知水平、经济水平与社会地位等。

人的成长过程，是人生观与价值观不断塑造的过程。成熟的人，能够更好地认识世界，认识明星这一特殊的娱乐产品对于自己的意义，从而更具审美情趣，能更理性地看待追星。

但是，粉丝群体低龄化趋势日益明显。

在信息社会，智能手机日益普及，低龄男生用手机来玩王者荣耀，而小姑娘们则用手机来追星。这些小粉丝自我认同还未成功建构，对爱与崇拜的理解还不够深，容易沉迷于追星不能自拔。

在她们的认知中，掐架越厉害代表爱得越深。

霍布斯说，"当和平可得的时候就寻求和平；当和平不可得的时候，就在战争中寻求救助。"

这亦是很多路人的逻辑，当他们被粉丝掐着不放时，便会选择对掐。粉丝视偶像如生命，会幻想嫁给偶像，所以，小萝莉女友粉通常护主心切，并把这种护主的责任感与使命感，化为掐架的动力，战斗力极强。

偶像打人了，她们会说偶像是真性情。

偶像吸毒了，她们会说他还是个孩子，吸毒的样子都那么帅，即使吸毒我们也爱他、支持他。

她们喜欢秀智商与情商的下限，这样的双商，在宫斗剧中几乎活不过第一集。

她们掐架时逻辑清奇，没有三观、只有情绪，喜欢用激情替代思考。

她们遵循非黑即白的价值观，谁要是不表态支持她家偶像，就是黑他。

果然还是作业太少啊！

要是她们整天要为生活而奔波，被工作、房租、房贷压着，负重前行，恐怕就没有如此多精力去脑残了。

有些粉丝会让我们见识到什么叫脑残无底线。

有一次，某娱乐营销号发了一个极度脑残的讨论话题，即如果你有两个选择，第一个选择是偶像马上娶你，但你必须失去爸爸或妈妈其中之一，第二个选择是偶像一辈子都不会娶你，但你爸爸与妈妈一辈子健健康康，大家慎重选择哦，因为这可以看出你们对偶像的爱有多深。

我以为所有粉丝都会在评论里骂该营销号，但可悲的是，竟然有不少粉丝选择第一个，甚至有个别粉丝还评论道，虽然我很爱我爸妈，但是，既然偶像要娶我，那只能让他们牺牲一个了，哈哈哈哈哈。有些脑残粉则更为直接地说，哈哈哈哈哈，偶像要是娶老子，老子睡觉都要笑醒，死爸妈算什么呢，我希望他们都去死。

这是一种怎样的可悲？

或许，如果这些粉丝的爸爸妈妈看到评论之后，肯定相当后悔当初把她生下来吧？

一个路人感好的明星，离不开其背后高素质粉丝群体的努力。粉丝应该时常反思自己行为，想想自己所谓的爱，是会使偶像感动、让偶像受益，还是会给他带来负担、替他抹黑。

粉丝们，追星千万不要感动了自己，恶心了他人，残害了偶像。

粉丝要掌握自己情绪的主导权。

弗洛姆在《爱的艺术》中指出，"如果一个人是在积极的情绪支配下行动，他就是自由的，是情绪的主人。如果他是被一种消极的情绪所支配，那他就是受外力驱使者，是他自己都不了解的动机的对象。"

当然，现在越来越多的路人喜欢给粉丝贴上脑残粉的标签。许多路人对追星存在严重偏见，他们习惯于把追星的粉丝都称为脑残粉，即使该粉丝十分理性。

其实，这种情况下，真正脑残的不是粉丝，而是这些喜欢给粉丝贴脑残粉标签的路人。

向奋战在掐架第一线的脑残志坚群体致敬。

你知道他有多努力吗

"你知道他有多努力吗"堪称粉丝圈流行语之鼻祖。

不知从何时起，娱乐圈流行起卖努力人设。

只要有路人质疑某明星的演技或唱功，粉丝便会跳出来替偶像开脱，不爱看就别看啊，整天这样黑我家偶像有意思吗？你知道他有多努力吗？

"你知道他有多努力吗"这句话其实是很无力的辩解。

农民伯伯很努力，外卖小哥很努力，服务员小妹也很努力，努力并不是一件很值得炫耀的事情，而是一个职业最起码的要求。拿着天价片酬，难道不该努力吗？

如果总是标榜努力，那是不是可以理解为，该明星没有比努力更值得夸耀的方面了？总是祭出此话，难道不是粉丝心虚的一种表现吗？

观众出钱去看电影，不是为了听粉丝不断地推荐她家偶像有多努力的。路人不知道他有多努力，也不想知道他有多努力，更不需要知道他有多努力，而是想通过他的作品来感受他的努力。

作品烂还不让说，这是一种典型的道德绑架。

试想，你的高中数学老师讲课逻辑不清，一道题讲了半天也讲不清楚，你会不会质疑？当你质疑时，他反问你，你知道我有多努力吗？这道题我花了一个月的时间备课，查阅了几十本资料，花了多少心血，你们竟然还质疑我？

请问你是会被感动，还是会觉得他实在不适合当数字老师，而应该去搬砖？

同理，男生苦苦追求女生，但女生还是没答应，此时，男生质疑道，我追你追得这么努力，你竟然还不答应嫁给我，你还是人吗？

张二狗高考期间天天玩游戏到天亮，而他的父母以为他天天在挑灯苦读，最后张二狗高考分数刚上专科线，此时，他父母指着北大清华骂，你知道我家二狗有多努力吗？他这么努力了，你们为什么还不招录他？

我现在写《粉丝的自我修养》一书也很努力！

每天下班之后，拖着疲惫的身躯回来，没有时间休息，而是一个人在台灯下面辛苦地伏案写作；周末，别人忙着约会恋爱了，我一个人在辛苦地伏案写作；节假日，别人都去旅游，我还是一个人在辛苦地伏案写作。

可是，这些能够说明什么呢？

只能够说明我是在用心写书，但这并不能够成为我强迫别人认可此书、购买此书的理由。

只有那些粉丝们看了本书后，觉得对自己深入认识娱乐圈有所帮助，对自己在追星路上的成长有所指导，这才是她们认可我的理由。

除了有些黑粉故意找茬之外，绝大多数路人的审美观是正常的。即使对于艺术作品的鉴赏存在很强的主观性，但是，路人的大体感知还是准确的。

有些明星唱歌完全走调，可粉丝还是夸其声如天籁；有些明星演技尴尬到不忍直视，粉丝却夸其演技炸裂。

如果路人一旦质疑，粉丝就会问你知道他有多努力吗？如果辩解的水平高点也就罢了，总是卖努力，实际上是在给明星招黑。

在这个看脸的世界，颜值即正义，建议粉丝们用"你知道他有多帅吗"来回应别人的质疑，似乎更好。

简单粗暴，也正中要害，反而更容易让路人接受。

粉丝的逻辑是，我家偶像都这么努力了，你应该喜欢他的人，喜欢他的作品，而不应该黑他。其实正常的理解逻辑，难道不应该是，他都这么努力了，作品还这么烂，确定不是在逗我吗？

努力了还不行，主要有以下三种可能：

其一，有可能是他努力错了方向。有些明星天天努力地去炒作绯闻，专注于话题碰瓷。那么，在这种情况下，明星就更应该接受批评，早点意识到自己的方向性错误。

其二，实在是没有天分。想从事演员这一职业，有时候不能光靠后天努力，天赋也是挺重要的。如果真努力了，还这么差，说明真不适合在此行业发展，更不适合卖努力人设，安安静静地做个靠颜吸粉的美男子多好。

其三，假努力。在商业逻辑上，明星本是一个被包装的商品，很明显，努力也可以包装，很多明星的努力人设都是由经纪团队刻意打造，而粉丝们却信以为真。

为什么现在小花小生流行卖努力人设呢？

因为在当前国内的娱乐环境下，努力成了一种稀缺品。

努力这一最起码的职业要求，成了明星最难能可贵的品质。不要觉得这是笑话，现在很多明星的敬业态度简直像个笑话。

可悲的是，这样的明星，却有大量的粉丝吹捧，要是有路人表达批评的声音，便会被粉丝撕。

很明显，国内的娱乐环境实在太过于包容，简简单单卖个努力人设，就能够把粉丝感动到哭。她们言必称，心疼我家宝宝都这么努力了，还这么多人黑他，黑他的人都去死。

正是这种过于包容的环境，才导致了娱乐市场的劣币驱逐良币。

真正有演技的演员，难以获得资源与机会，而那些颜值高的男明星比比剪刀手、嘟嘟嘴卖萌就能大量圈粉，如此这般，他们怎么会有动力去打磨演技呢？

娱乐市场靠收视率与票房说话，这些自带流量的高颜值明星自然会受到投资方的青睐。在此逻辑之下，银幕各种烂片泛滥便不足为怪了。

真心希望粉丝们放弃使用"你知道他有多努力吗"来替偶像辩解，这句话苍白无力，除了道德绑架与实力招黑之外，没有任何价值。

你行你上啊

"你行你上啊"可谓粉丝圈最为流行的金句。

无论在什么场景，只要有人对偶像或者偶像的作品发表不同意见，粉丝们便会将其祭出。

令人憋屈的是，路人虽然知道这句话不合理，但是，听上去又好有道理的样子，让人无力反驳。

我们可以从逻辑推理与人的认知来源这两方面，来分析"你行你上啊"的谬误之所在。

一般而言，逻辑包括论点、论据与论证方法这三大核心要素。其中，论点是真实性需要加以证实的判断，论据是证实论点的根据，而论证则是用论据来证实论点的过程。

对于论证而言，最为重要的一点就是要满足同一律，如果论证不能满足同一律，那么，该论题则是逻辑谬误。

违反同一律的常见形式是偷换论题，简单地理解，就是在讨论某个论题的时候，偷偷改变讨论的对象。

王二狗在看完电影后，评论某明星的演技尴尬，该明星的粉丝则愤怒道，你行你上啊。此时，粉丝就是违反了逻辑上的同一律。

因为，王二狗讨论的论题是"明星有无演技"，而粉丝在回答时，偷偷换成了"王二狗是否行"。事实上，王二狗行不行，与明星有无演技，是两码事。

只有围绕明星有无演技进行讨论，才算没有违反同一律。

粉丝们在违反同一律的时候，通常还会犯一种谬误，叫不相干谬误。不相干谬误是指把评论者的观点，与评论者本身的身份挂钩，然后通过贬低说话者的人格，来反驳其观点。

简言之，不相干谬误是不回应论题本身，而是攻讦评论者，只对人不对事。

不相干谬误背后的情绪，是粉丝无力反驳之后的恼羞成怒。所以，许多粉丝在辩论不过路人的时候，通常会选择问候路人家人。

亚里士多德在《谬辩篇》中就指出，某些谬误"只是针对提问者，而不是针对论证"。

鲁迅在《对于批评家的希望》中论述道，"试将粗浅的事来比罢：譬如厨子做菜，有人品评他坏，他固不应该将厨刀铁釜交给批评者，说道，你试来做一碗好的看。"

孔子曾经曰过，"君子不以言举人，不以人废言。"但是，现实中因人废言、人微言轻的情形时常存在。

从人的认知来源上来看，你行你上也存在着错误。

观众在评论明星的演技时，是在表达个人对明星及其作品的认知。

人的认知有两个最为核心的来源，其一是直接经验，就是你参与到实践中去感知与领悟。其二是间接经验，是指知识并非个人亲自实践获得，而是从他人那里传承获得的。获得间接经验的形式是多样的，比如从书本获得，他人传授经验给你等，学校就是传授间接经验最为重要的场所之一。

直接经验与间接经验，并无孰优孰劣一说，如果有可能，就尽量让两者相结合。如社会学这一学科强调田野调查对于学术研究的重要性，就是主张让直接经验与间接经验更好地结合。

在《粉丝的自我修养》的成书过程中，我十分注重直接经验与间接经验。为了更好地了解粉丝圈的组织结构、粉丝的行为与心态等，我除了阅读相应的理论书籍外，还参与过多次粉丝组织的公益活动，参加接机应援、粉丝见面会、演唱会等。

这些直接经验与间接经验对于我的写作，自然是很有帮助。只有深入其中，才能够更好地了解该圈子。

"你行你上啊"的一个潜台词，是认为只有通过直接经验获得认知才有发言权，间接经验是没有资格的。

也即，观众只有会演戏，才具有判定演技的水准，从而才能够评价明星的演技；听众只有会唱歌，才具有鉴定唱功的能力，从而才有资格评价明星的唱功。

但是，评论者对于演技与唱功的审美能力，来自多方面的影响，有可能是通过书本而获取，也可能是他人传授的，而并不一定要自己具备演技或唱功。

就像你不会做菜，但是，你对于厨师做的菜会有自己的判断，如太咸、太淡或者太辣等。

简言之，自己会不会做与自己能不能评价之间，并不具备必然联系。

经济学巨著《国富论》把分工当成人类社会不断进化的重要方式。

闻道有先后，术业有专攻。

每一行业都有相应的评价标准，即使像演技、唱功等主观性很强的元素，人们也是能够分清楚车祸现场与天籁之音的。要求业余人士达到与专业人士相同的水准，才有资格评价，这本身极不合理。

在娱乐产业中，明星与明星作品，都是被消费的对象，观众就是消费者，显而易见的是，不管消费者自身能不能生产出商品，他们都有权利对商品发表意见。

即使评论者只是普通路人，他同样有资格评价，因为明星作为公众人物，他自身以及作品具有很强的公共属性，接受来自公众的评价，是一件很正常的事情。

在面对粉丝"你行你上啊"的话语时，路人应该怎样应对呢？

要么讲逻辑，要么讲道理，都不行的话就耍无赖。

网络上经常可以看到的一句话就是，难道我评论冰箱，自己还得学会制冷吗？我评论鸡蛋，自己还得会下蛋啊？

当然，在某些场合下，你行你上这句话还是颇有道理，只是被粉丝广泛使用之后，该词充满了贬义。

对于那种不尊重别人劳动成果、吹毛求疵、外行胡乱指责内行的人，或者对于明星作品毫不了解却跟风黑的人，粉丝可以直接回"你行你上啊"。

如果某明星的演技不好，但是，他的每部作品的确都有进步，也没有整天发自己演技炸裂的通稿，那么，路人还是应该多给予肯定与支持。

毕竟，多给一些鼓励，多提一些建设性的建议，比一味地指责要好得多。

"你行你上啊"还有一种应用的情形，就是在评论者与被评论者具备同样的权利与义务之时。

大学宿舍里，房间灯泡突然坏了，一位室友去修，但是修了很久没有修好。此时，另外一位室友抱怨说，你怎么这么笨，到底会不会修啊。此时，用一句"你行你上啊"，来回应这种习惯空手指点江山的人，是再好不过了。

脱粉算我输

强行辩解是粉丝的日常工作之一。

偶像吸毒了，粉丝会说，他还是个孩子，谁没犯过错呢？

偶像出轨了，粉丝会说，人家出轨关你什么事啊，他只不过犯了全天下男人都会犯的错误。

偶像唱歌如同车祸现场，路人提出批评时，粉丝会说，这已经很不错了，至少不是假唱，你行你上啊！

有些粉丝习惯把偶像当成唯一的信仰，比自己生命更重要，爹亲娘亲，没有我家偶像亲。在她们心中，偶像神圣不可侵犯，对于偶像的话无条件认同，对于偶像的行为无条件支持。

很多狂热的粉丝，三观不正，是非不分，无道德与法律的底线。

她们信奉的价值观是，纵使你满身污秽，我仍伸手相拥无忌讳。即使是明星违法了，且粉丝也知道这些行为违法，但是，她们也会选择宽容，并强行要求别人也选择原谅。

社会的正常运行，需要依靠法律与道德来支撑。

包容应有底线，对于吸毒等违法行为，应该旗帜鲜明地反对。可惜的是，一些粉丝强行辩解的姿势，着实让人三观尽毁。

很多国家的粉丝要求严苛，对于明星吸毒、出轨等行为完全是零容忍。相比之下，国内的娱乐圈对于劣迹艺人而言简直是天堂，有些明星即使吸毒了，也会有粉丝无原则维护。

正是由于粉丝过于包容，才导致很多明星放松了自我约束。

粉丝在强行辩解时，喜欢把路人的评价当成黑，她们叫嚣着，你们尽管黑，脱粉算我输。这种向偶像表忠心的豪言壮语，三观不正，语气嚣张，实在是败坏自家偶像的路人感。

狂热的粉丝信奉非黑即白、非友即敌的价值观，对于别人的赞美会欣然接受，但是，对于表达出批评意见的人，则直接贴上黑粉的标签。

其实，世界的精彩来自其多元性。

别人对你家偶像与偶像的作品，存在与你不同的看法，这是再正常不过的事情了。因为，路人没有和粉丝一样戴着滤镜来看待一切，所看到的事物自然会有所不同。

当然，需要特别说明的是，现在网络上的确存在大量黑粉，这些黑粉通常会不怀好意地对明星进行恶意攻击，此时，粉丝来极力维护自家偶像是可以理解的。

有时路人去电影院看了某明星的电影，觉得演技太尴尬而吐槽几句，粉丝就会说，你不爱看就别看啊，又没逼你看。

在粉丝经济的逻辑下，明星是商品，路人在观看明星作品的时候，实际上是在消费明星这一符号。如果明星存在劣迹，或者作品太差，就意味着商品的质量出了问题，此时，消费者当然有权利提出批评。

批评不自由，则赞美无意义嘛！

"这个世界之所以美满，就在有缺陷，就在有希望的机会，有想象的田地。换句话说，世界有缺陷，可能性才大。这种可能而未能的状况就是无言之美。"

这是朱光潜先生在《给青年的十二封信》中的经典论述，希望粉丝有所感悟。

不是抄袭，是向经典致敬

娱乐圈不时会爆出抄袭丑闻，可惜的是，粉丝对于抄袭明显缺乏正确的认知。

原创者的知识产权是受法律保护的，而抄袭是对原创者权利的严重侵犯。

每当自家偶像爆出抄袭丑闻，许多粉丝却觉得抄袭有何不妥，而是坚持把脑残进行到底，进而攻击原创者与爆料者。

脑残粉的逻辑清奇：

动机论。

你就是想红，为了出名才故意黑我家宝宝的。你看我家红了，就故意来蹭热度，真不要脸。

资格论。

我家宝宝比你红多了，你哪有资格来评论他？你行你上啊，有本事你也去抄啊！虽然是抄袭，但是比原作好听得多。

努力论。

我家宝宝才华横溢，但受人打压一直没有红，现在好不容易走红，你就来攻击他，你忍心吗？你知道他有多努力吗？他的艺术成就我们有目共睹，不是你一个人就能够否定的，抄袭的人那么多，为何你这个喷子总是抓住他不放呢？

爱国论。

就算我家宝宝抄袭了国外的作品，但是，你是一个中国人，为什么要帮一个外国人说话呢？我看你就是一个汉奸。

功劳论。

尽管你是原创者，但是，这首歌以前没有任何人听过，这本书以前没有任何人看过，我家宝宝让大家都知道了你的作品，你难道不应该感谢他吗？我家宝宝之所以抄袭，是看得起你原作。

甩锅论。

我家宝宝是无辜的，这歌是栏目组安排他唱，其他的事情，他都不知道。

致敬论。

我家宝宝没有抄袭，他是在向经典致敬。你难道没有借鉴或模仿过他人的作品吗？

无赖论。

就算抄袭了又怎样，我们喜欢听就行了，抄袭不抄袭，我们无所谓，也不关心。我们无条件相信我家宝宝，也无条件支持他。

粉丝们不用正确的三观去评判自家偶像行为，去反思自己的行为，而是在遮羞布被扯掉之后，恼羞成怒，肆意狡辩，甚至对人不对事，对原创者与爆料者进行人身攻击。

抄袭成了一件光明正大、理直气壮的行为，多么扭曲的三观。

版权意识差，并不只是部分脑残粉的问题，而是相当多公众的通病。

尤其是自媒体时代，抄袭行为泛滥，原创者花几个月写了篇高质量文章，其他营销号便直接转走，根本不注明出处，也不标出原作者名。

通俗地理解，抄袭就是偷东西。

只不过我们平常所理解的偷东西，是指实物，而抄袭的对象，一般是无形的物品。但是，不管是有形抑或无形，偷东西这一行为在本质上都是违法的。

可惜，这些粉丝都知道偷人家钱财是违法的，但是，却意识不到抄袭他人原创作品同样是违法。

社会的进步需要创新驱动，而版权就是对创新的保护，《中华人民共和国著作权法》就是保护创作者权利的法律。

当然，虽然我国的版权环境还不够好，但令人欣慰的是，国人的版权意识在不断增强。国家不断完善知识产权保护方面的规则，并加大宣传力度，向公众普及知识产权方面的意识。

同时，国家积极支持原创者维权，法院对抄袭等侵权行为持严厉打击态度。

在这样的氛围下，创作者的权利意识日益增强，他们会对作品进行版权登记。当作品被抄袭时，会主动站出来，运用法律武器进行维权，或者通过舆论声讨侵权者。

对此，绝大部分公众都会选择支持原创者。

对于粉丝群体而言，虽然脑残粉仍然是一个相当大的群体，但是，懂法律、明事理的粉丝在增多，越来越多的粉丝在意识到，抄袭并非小事，而是违法行为。

这些进步的确难能可贵。

粉丝应该理性看待他人对于自家偶像的抄袭质疑。

如果法院判定了偶像存在抄袭行为，粉丝的正确态度是直接道歉，而非强行辩解。

如果未经法院判定，而是原创者声明自己的作品被抄袭，或者第三方专业人士指出某明星存在抄袭行为，粉丝应该对事不对人，就事论事，而不是用阴谋论、资格论等观点来攻击他人。

其实绝大多数国家对于版权的保护相当严格，如果某个作家或者歌手存在抄袭行为，很可能会被封杀，然后一辈子都翻不了身。如此高的违法成本，迫使每个人都会自动约束自己的行为。

健康娱乐生态的打造，离不开我们每个人的努力。

每个人都应心存敬畏，对法律的敬畏、对艺术的敬畏、对原创者的敬畏、对原创作品的敬畏。只有这种敬畏存在，音乐裁缝与创意搬运工才没有生存空间，我们才能够享受到真正优质的娱乐作品。

如果我的作品被抄袭，我肯定会维权到底。

路人一枚

在微博上，是不是经常看到有人在发表评论时，喜欢加上"路人表示"、"路人一枚"等话语？

不用怀疑，喜欢自称路人的人，往往是粉丝，而且是铁粉。

粉丝装路人似乎成了一种时尚，为何粉丝喜欢披上路人的外衣呢？

包括粉丝在内的每个人都很清楚，粉丝属性会影响一个人的立场与判断，而相比之下，路人不像粉丝那样自带立场，也没有粉丝滤镜，所以，以路人身份来说话，会显得更为客观与中立。

粉丝无话语权嘛！

粉丝在替偶像推荐或者辩解时，喜欢假装路人，以制造偶像路人缘颇好之假象。

她们采用的常见句式是，路人表示对某某明星最有好感了、我作为路人都要转粉了、先声明我不是某某粉丝、纯路人一枚、路人觉得某某最完美了、路人被苏到了等。

总之，她们在发表观点时，都会先表明自己的路人。

事实上，这是一种伪春秋笔法。

是不是有一种欲盖弥彰的感觉？此地无银三百两啊。

如果说装路人替偶像推荐或辩解是感动了自己，那么，装路人来黑他家正主，或者装成一家粉丝来黑另外一家，则是恶心了他人。

显然，这种装路人行为，深深地为粉丝圈与路人所不齿。

一些粉丝时常需要分饰几角，处于正常状态时是铁粉，非正常状态时是路人、他家粉、黑粉，如此这般，会不会造成人格分裂？

很多粉丝发表评论时，会声明我不是某某粉丝，但是，点进去她微博一看，却发现其为该明星的忠实粉丝。

这些粉丝自以为演技高超，事实上却十分拙劣。

当然，粉丝装路人的演技也有高有低，最不走心的是那些自称路人，却顶着偶像的名字与头像，且微博内容全部是夸偶像的粉丝。

演技再高级点的粉丝，会用小号，微博没有发几条内容，貌似伪装得很好，但是，点赞全是关于她偶像的内容。

或者，她微博虽然没有任何信息，但是，她对于该明星的了解很透彻，深谙该粉丝圈的用语。

你一个路人，为何对该明星了解如此之多？既然他颜值爆表、演技炸裂，为何还没能让你转粉呢？

其实粉丝与路人真正的区别，在于情绪的表达。

通常情况下，粉丝的情绪容易激动，会一言不合就掐架，或者专门开洗白帖或者推荐帖。相比之下，路人的情绪则淡定得多，她们可没有这么多闲心去掐架、去控评。

所以，粉丝请不要装路人，大胆地亮出粉丝属性，坦坦荡荡地推荐。毕竟，表达对偶像的爱，并不是件羞耻的事情。

如果真想装路人来推荐或者辩解，请努力提高演技，否则，被轻易识破粉丝身份着实很尴尬。

再见偶像

曾有一个人，我爱他如生命。

只不过，这种爱是虚拟契约化关系。偶像与粉丝之间的这种契约化关系由商业资本所打造，且与恋爱、婚姻等契约化关系不同。

恋爱需要男女双方的确认，婚姻需要国家制度作为保证，而偶像与粉丝之间是一种单方面确认的关系。

这种关系在本质上是粉丝的主观想象。

在偶像与粉丝的关系中，偶像负责提供信仰，而粉丝则用花钱等行动来支持与消费这种信仰。

既然偶像与粉丝之间是一种单方面确认的关系，所以，退出这种关系也是单方面的。粉丝既可以喜欢偶像，也可以不再喜欢。

退出见人品，既可以见偶像的人品，也可以见粉丝的人品，正如分手见人品一样。

退出的原因有多种，有可能是因为偶像，也有可能是因为粉丝自身，有些是短暂不再喜欢，有些则是永久不再喜欢。

有些粉丝在追星过程中迷失了自我，从而严重影响了其学习、生活与工作。尤其是粉丝群体中，低龄女生占了相当大比例，她们正处于小学、初中、高中阶段，而该时期学习是第一要务。

有些粉丝圈水太深，身处其中的粉丝在粉丝圈大大的带领下，到处与其他粉丝圈掐架，而粉丝圈内部也充满着勾心斗角。这样，追星就慢慢偏离了初心。

所以，有一部分粉丝处于理智状态时，会想着短暂退出，以免因为追星而过多地影响学习与生活。

此时，你若想暂时退出，可以选择清空微博，退出粉丝群，将偶像贴吧从收藏夹中删除，这样，刻意地减少对偶像信息的接触有助于退出。

如果此时你还退出不了，有一招很毒，那就是关注一些偶像的黑粉，或者上天涯论坛、八组等地方，去搜偶像的黑料，那些黑料实捶可能分分钟让你从梦幻中回到现实。

当然，也不排除个别明星没有黑料，那样，有可能把坑越挖越深，从而导致更难以出坑。

偶像国籍也可能是影响不再喜欢的一个重要因素。韩流在中国大陆很有影响力，但是，中韩关系颇微妙，当中韩关系处于紧张状态时，粉丝在"国家面前无偶像"的感召下，不可避免会退出。

如果要找一个不再喜欢的最重要原因，那便是人设崩了。

在娱乐产业中，明星是一个商品，人设是对明星的形象包装，其作用是为了圈粉。

明星喜欢卖男友人设，而女粉丝也乐于自动代入女友身份。如果明星恋爱了或者结婚了，这种人设便会受到损害，可能会导致一些女友粉退出。

正所谓成也萧何、败也萧何。

与此相反，有些明星不卖男友人设，即使他们有恋情曝光，对于他们圈粉也没有太大影响，粉丝通常会以一种调侃与祝福的态度来对待恋情。

当然，相比恋情曝光，有时候明星的人设会崩得更为彻底，尤其是好男人人设的明星被偷拍到了婚内出轨，或者有吸毒等行为，形象便会崩塌，此时会有大量粉丝退出。

有些退出后变成了路人，从此相忘于江湖，有些则直接粉转黑了，开始回踩，各种谩骂。

粉丝对偶像的态度，从饭变成讨厌，再变成黑，她们会怀疑地问自己，当初是不是瞎了眼才会喜欢上他？

其实很多黑粉也是有感情存在，也许是爱之深、恨之切，从而变得恼羞成怒了。如果讨厌都嫌累，说明是真不爱了。

回踩通常会被认为是一种比较下作的行为。其实回踩是否应该批判，还应看具体情况。如果是因为偶像恋爱了而回踩，那只能够说明你入戏太深。

其实偶像的生活不可能完全按照你的剧本来走，你自己在心中为偶像设定了过多框框，一旦偶像的行为未能够符合你的预期，便宣布不再喜欢。

这样，你的爱是否过于廉价？有些粉丝喜欢一言不合就拿不再喜欢来威胁，也是一种幼稚的行为。

但是，如果因为偶像吸毒等行为导致你回踩，那说明你的三观太正了，值得点赞！

明星是靠人设圈粉、圈钱，这很正常，但是，不要卖与自己真实形象差异过大的人设。当面一套、背后一套，只是把粉丝当成了赚钱的工具而已，这样，即使演得再好，也容易露马脚。

人设端不住，就容易崩。

粉丝不要过度脑补，不要赋予偶像过多美好的想象，这样，对于偶像的不完美更易于接受。

退出并不可耻，也并不意味着背叛。

退出与否，是每个粉丝的自由选择。

祝愿在你们退出之前，偶像能够一直端住人设。

第十二辑　理性镜像

非理性粉丝的十宗罪

于诸多粉丝而言，理性是一种稀缺资源。她们长期沉浸于有情绪而无逻辑的语境之中，变成了法兰克福学派笔下所谓"单向度的人"。

粉丝有一些常挂于嘴边的招牌金句，这些逻辑清奇、三观不正的话语，通常会有一粉顶十黑之功效。

努力论。

你知道他有多努力吗？他都这么努力了，你怎么忍心黑他？爱看不看，不爱看滚。

资格论。

你才认识他几天呢？我喜欢他好多年了，难道不比你更有发言权吗？你有什么资格这样说他？

不好看就不看啊，为何看了还要黑他呢？你行你上啊！

你演技好怎么没见导演去找你演啊？

阴谋论。

纯路人一枚都看不下去了，你这样借机炒作自己，是想红想疯了吧？

你肯定是对家雇来的水军，专门来黑我家宝宝。

这么多人嫉妒我家宝宝，肯定是我家宝宝挡谁的道了。

三观不正类。

出轨怎么了？他只不过犯了天下男人都会犯的错误，要是他离婚了，我马上嫁给他。

吸毒怎么了？外国吸毒都是合法的，他花自己的钱吸毒关你什么事呢？

你想吸毒还没有钱呢。他吸毒的样子都那么帅！

他还是个孩子，谁年轻的时候没有犯过错呢？每个人都有一次被原谅的机会。

强行甩锅类。

这不是我家宝宝的错，是公司、剧本、导演的错。

这锅我家不背，抱走我家宝宝，我们不约。

抄袭无罪类。

这能算抄吗？这是向经典致敬！

抄袭怎么了？能抄出名是我家宝宝的本事，你的书被抄出名了，应该感谢我家宝宝呢！

语言恶毒类。

我家宝宝这么帅，你竟然觉得他不帅，眼瞎了吧？

别以为我们是好欺负的，犯我本命者，虽远必诛。

不喜欢我家宝宝的人都去死吧，我心里有座坟，里面住着好多人，你爸你妈你所有家人。

谁要是说我家偶像坏话，请全家暴毙、原地爆炸。

闭眼狂吹类。

我家宝宝美颜盛世，不像对家，长得像歪瓜裂枣。说不好看的，你们自己照照镜子，看看自己那个丑样。

我家宝宝演技炸裂，一言不合就飙演技。

路人都觉得我家宝宝的演技吊打其他众小生，这难道还有什么异议吗？

反正我是他的颜粉，你们尽管黑，脱粉算我输。

乱贴标签类。

你要么是水军，要么是对家粉。

你个黑粉，竟然说我家宝宝作品抄袭外国人的，即使抄了你也不能帮外国人说话啊，你就是个卖国贼。

强行卖惨类。

我家宝宝还是个孩子，她就是那么耿直、真性情，你们怎么忍心欺负这么可爱的一个小姑娘，就不能放过她吗?

可以不爱，但请不要伤害。

自带粉丝滤镜

叔本华里《人生的智慧》里说，"正如每个人都囿于自己的皮囊，每个人也同样囿于自己的意识。"

正因为囿于自己的意识，粉丝普遍自带滤镜去审视偶像的一切。

审美，本是一件很主观的事情，个人与个人之间存在审美差异，也实属正常。

所以，粉丝自带滤镜是可以理解的，情人眼里出西施嘛。但是，粉丝们一旦戴上滤镜，便开启了闭眼吹模式。

她们会自动过滤掉偶像的缺点，甚至把不足当成可爱之处，肆意夸耀。因而，闭眼吹演变成了无脑吹。

用词浮夸是闭眼吹的标配。

不知是粉丝的自我麻痹能力一流，抑或是与生俱来的迷之自信，粉丝们时常会用最为夸张的词汇来吹捧偶像的颜值、人气、演技或者其他方面，看了让人容易尴尬。

粉丝有时会制造新词来花样夸偶像，如偶像具有入梦体质等，但总体上，她们的词汇并不丰富。

可能是词汇量过于匮乏，小生的粉丝都喜欢吹捧偶像为陌上人如玉、公子世无双，这句话看得简直让人生厌。而小花的粉丝喜欢夸偶像为美若天仙、美颜盛世，甚至有粉丝夸自家偶像为几千年美女。

　　有些明星明明身材一般，甚至还有些水桶腰，粉丝却吹成身材比例好到爆。有些明星明明整容后脸僵硬，粉丝却吹成骨相完美，满脸胶原蛋白，360度无死角完美。

　　当然，除了颜值之外，粉丝们吹起偶像的演技来也是毫不吝啬。明星被群嘲演技，却往往被粉丝夸成教科书式表演或殿堂级演技，并表示自家偶像明明可以靠颜值，却偏偏要靠演技。

　　不知是否因为粉丝的闭眼吹给了明星自信，小花小生们喜欢发关于演技的通稿，标题通常是某某明星演技碾压其他小花、某某明星演技吊打其他小生。

　　粉丝戴上滤镜之后，偶像的缺点成了萌点，没有智商就夸成傻白甜，没有情商就夸成耿直。

　　耿直成了粉丝用来掩盖偶像低智商与低情商的遮羞布。所以，越来越多的明星喜欢卖耿直人设，耿直一词真是躺着也中枪。

　　试想，这些小花小生们若真是耿直，恐怕早就因为得罪人太多而被掐断戏路了，哪还会有机会成天装疯卖傻。

　　一些粉丝习惯于遵循双重标准，只能允许自家偶像是娱乐圈的一股清流。

　　对家偶像情商高，就是心机女，自家偶像情商低就是耿直。

　　对家偶像爆粗口是没教养，而自家偶像爆粗口则是真性情。

　　当营销号八卦对家偶像时，自己便跟着起哄支持营销号，说无风不起浪。可是，当被八卦对象是自家偶像时，便认为营销号是疯狗乱咬人。

　　其实粉丝自带滤镜可以理解，毕竟粉丝属性会影响人的价值观与审美观。

　　但是，粉丝应该明白，明星本是一个经过了包装与美化的商品。人无完人，去掉明星的光环之后，他可能就是普通人一枚。

　　当然，并不是说明星不优秀，他能够在娱乐圈里奋斗到这一咖位，一定会有其过人之处。或许他有很多闪光点，但肯定不是银幕那般完美。

　　显微镜之下，本无完美。

　　粉丝可以用滤镜来过滤偶像的这些不足，但是，请不要剥夺路人发表不同声音的权利。

　　艺术追求专业性，所以，粉丝们喜欢夸偶像演技。

事实上，夸演技应慎重。

据观察，路人对于粉丝夸偶像颜值的容忍度相当高，但是，对于夸演技的容忍度则低得多。如果某明星演技尴尬，粉丝却闭眼吹成老戏骨，那么，路人通常会选择怼回去。

所以，粉丝们不要轻易夸演技，更不要用演技炸裂、老戏骨等词。因为，把老戏骨与毫无演技的小生置于一起，简直是对小生的高级黑。

粉丝滤镜可以有，闭眼吹也是要运用正确的姿势，把握好度。因为，盛名之下其实难副，易引起人的反感情绪。

因为，人民群众的眼睛是雪亮的。

粉丝闭眼吹时，一定不要捧一踩一。捧自家偶像并不一定意味着要踩他人，捧人的方式有一万种，而捧一踩一是最错误的一种选择。

有些明星的演技，三分命注定，七分靠打拼，剩下九十分，全靠闭眼吹了。

粉丝滤镜是个好东西，古人诚不我欺！

寻找自由的边界

卢梭在《社会契约论》的开篇便立下经典论断，"人是生而自由的，却无往不在枷锁之中。"

何谓枷锁？

抽象地讲，枷锁是社会契约、社会规范；具体地讲，社会中存在两大枷锁，其中，法律是硬性枷锁，道德是软件枷锁。社会中的个体，需要接受这两大枷锁的约束，才能够获取最大程度的自由。

否则，人类社会将倒退至弱肉强食的原始丛林，一切自由将不复存在。

在许多粉丝的价值观中，追星又没有违法，追星是我的自由，你凭什么干涉我？

追星没有犯法，这句话是对的，它符合了法律这一硬枷锁。

追星是我的自由，这句话对了一半，它未完全符合道德这一软枷锁。

那么，什么是自由？

西方学者伯林对自由的论述，在学界具有广泛影响力。伯林把自由分为积极自由与消极自由。其中，积极自由是个体去主动做某事的自由，而消极自由就是个体不被强迫去做某事的自由。

是不是有些抽象？

置于粉丝的日常生活场景就比较好理解了。

天仙与女神两位女生住同一宿舍，天仙是某一歌手的狂热粉丝，女神则对该歌手不感兴趣。

天仙喜欢整天在宿舍大声放歌，女神对此表达过多次反对，但天仙认为放歌是自己的自由，别人无权干涉，最终两人起了很大冲突。

天仙在宿舍听歌的自由，是她主动去做某事的自由，是一种积极自由；女神反对其在宿舍听歌，是因为天仙听歌这一行为，影响了女神的消极自由，因为，女神拥有免于受歌声干扰的自由。

天仙的积极自由，并不是无边界的，其边界之一，便是不能干涉到他人的消极自由。

这样表述有些晦涩，说人话便是：

你可以追星，也可以放歌。如果是在自己家里，你可以随意做，这是你的自由，因为家是私人领域。但是，如果在宿舍里，你听歌的自由，必须以不打扰他人为前提，因为宿舍是公共领域，个体的自由存在明显边界。

正如密尔在《论自由》中所言，"任何人的行为，只有涉及到他人的那部分才须对社会负责。在仅只涉及本人的那部分，他的独立性在权利上则是绝对的。"

许多粉丝在追星中，分不清积极自由与消极自由，习惯以自我为中心，凭自己的价值观来评判一切。

在她们的世界里，只有两条原则，其一，我的一切都是对的，其二，如果你们认为我不对，那绝对是你们错了。

在追星的过程中，她们通常以别人是否认同自己、支持自己、包容自己的疯狂追星行为，来作为友谊的试金石。

我家偶像颜值爆表、演技炸裂，你竟然不喜欢他，还是我朋友吗？是不是眼瞎？

替我家偶像投个票吧，不投的人请原地爆炸！

行为的好与坏、对与错，这对于一些粉丝来说都不重要，因为她们是精致的利己主义者，在她们的价值观中，所在乎的只有自己。

很多粉丝是学生党，她们整天在宿舍里单曲循环自家偶像如车祸现场般音乐，开最大外音看偶像综艺，还强拉在学习的舍友陪自己一起看。

她们在班级微信群里喜欢用偶像的表情包刷屏，和朋友聊天时喜欢硬生生地把话题引到偶像身上，然后开始强行推荐等。

这些行为是不是很常见、很熟悉、很让人厌烦？

追星本是个人行为，不要让这一行为给周围的人造成干扰，否则，就是会给你偶像抹黑。

粉丝行为、偶像买单嘛！

人，作为一个社会性动物，是处于不同的社会关系中。

无论是亲情、友情还是爱情，都需要用心经营，如果你双商感人，疯狂追星，从不在乎别人的感受，那么，别人会把你当成麻烦的制造者。

人要学会合理评估与他人的关系。

在家里，你是掌上明珠，可以犯公主病。尤其是许多九〇后、〇〇后都是独生子女，整个家庭都围着她一个人转，这无疑给她制造了一种自己是宇宙中心的幻觉。

在爱情中，你可以恃宠而骄。

但是，在学校与社会这样的场景中，他人是没有义务来无原则地包容与迁就你。

所以，粉丝要摆正自己的位置与三观。别人尊重你追星的权利，你也要尊重别人不追星的权利。

许多粉丝有常人所不能理解的疯狂，天天沉浸于对偶像的花痴中不知收敛，对别人扔过来的白眼全然察觉不到。有些粉丝整天在微信朋友圈刷屏，频次比卖面膜的微商还要高。

有些粉丝喜欢整天给闺蜜强行推荐自家偶像，要是闺蜜不接受她的推荐，友谊的小船可能一言不合就翻了。其实，每个人都有自己的不同偏好，何必把自己的喜好强加于他人？

脑残粉喜欢随心所欲，推崇个人主义，但是，她们并不了解个人主义的真正价值。

个人主义的核心价值，并不是以自我为中心，而是在追星的过程中，有自己的独立思考与判断，懂得换位思考，维护自己追星的自由时，尊重他人不追星的自由。

求锤得锤

伏尔泰说，"当我们离开这个世界的时候，这个世界还是照样愚蠢和邪恶，跟我们刚来到这个世界的时候所发现的并没有两样。"

粉丝圈何尝不是如此？

有些粉丝圈一直是乌合之众代名词，集中了愚蠢、恶毒、玻璃心、被害妄想等众多元素，从未有改变。

有些粉丝无时无刻不生活在想象中，一条简短的新闻，她们能够脑补出几十万字的宫斗小说。

所以，粉丝圈时刻上演着总有刁民想害朕的戏码。

她们善于把任何与自家偶像有关系的人，都当成假想敌，然后，以正义天使的姿态来保护他。

她们的脑洞颇大，擅长追寻任何一点点蛛丝马迹，然后自行解读出别人对偶像的恶意，并将其无限放大。然后，感觉偶像受了天大的委屈，自己一定要帮他发声，替他争取利益。

在她们的价值观中，就算自己受天大的委屈也无所谓，但是，不能够让偶像受一点点伤害，自家宝宝自己疼嘛。

粉丝喜欢在微博上叫嚣着，我家偶像是天使，谁若折我偶像翅膀，我定废他整个天堂。一群自己都养不活的小孩，天天嚷着要保护他人。

这样，她们在追星路上走得实在是太累。

经纪公司通常是不讨粉丝喜欢的。

在以往的经纪人体制下，经纪公司对于艺人的发展具有决定权，基本上不会出现粉丝撕经纪人的情况。现在粉丝经济崛起之后，粉丝的话语权日益强大，粉丝掐架经纪公司的戏码时常上演。

有话语权本是好事，但是一定要擅于运用。

一个最简单的事实是，经纪公司靠你家偶像赚钱，所以，他们是利益共同体，公司显然比你们粉丝更想让他红。

有时公司会拿出一部分可能本属于你家偶像的资源，去提携公司里资源较差的十八线小明星。

对此，粉丝完全没有必要义愤填膺。这是公司在通盘考虑之下做出的决定，在某种程度上，先进提携后进也是行规。

粉丝们最大的假想敌，是和自家偶像咖位接近、路线相似的明星。

的确，这些明星之间存在资源之争。

对家有了一个高格调代言，粉丝会觉得这代言本属于自家偶像，但是，在关键时刻被对家抢走了。

对家接了一个剧本，她们会觉得导演本来是找自家偶像，但是，对家在背后使了坏，导致导演放弃了。

营销号发了黑自家偶像的微博，她们不去声讨营销号，而是习惯于把这账算到对家身上，笃定地认为，一定是自家挡了对家的道，所以对家花钱来黑自家。

在患有被害妄想症的粉丝心中，对家无时无刻不在陷害自家偶像。于是，这一点就容易被营销号所利用，他们故意发一些真真假假的料，引起两家粉丝的掐架。

其实，营销号最需要的是热度，粉丝掐架越厉害，营销号热度就越高。所以，一条貌似黑料的微博，引得两家粉丝斗得不可开交，而营销号乐于在一旁坐山观虎斗。

不排除的确有个别明星出钱来发其他明星黑料。但是，这种情况其实少见。

粉丝经济的核心是流量为王。

　　不管是正面消息还是负面消息，对于明星而言，有了关注度就有了一切。要知道，许多明星常用的炒作手段之一，就是故意放一些有话题性的负面新闻，然后再澄清。所以，对家没有这么多精力，来天天给你家偶像炒热度。

　　她们容不得路人说自家偶像任何不好，平时喜欢在微博里搜偶像的名字，或者是黑称，一旦看到有不太好的评论，就瞬间开启了招架模式。

　　许多女粉丝习惯于介入偶像的感情，当偶像分手或者离婚时，她们便将矛头指向女方，这并非明智之举。因为此举极易激怒女方，最后的结果可能是所谓的求锤得锤。

　　女方公布的是实锤吗？

　　这其实不是很重要，吃瓜群众可能并不是太关心。

　　因为感情的事，本来就很复杂，根本就不是一句简单的对与错能够判定的。感情很私密，局内人与局外人所掌握的信息完全是不对称的。于局外人而言，感情之事处于一种"薛定锷的猫"的状态。

　　但是，女方公布的料越多，就会让更多的事实浮出水面，也许其中有一部分是假的，但是，也有一部分是真的。正是这一部分真实的料，就可能会对男明星的人设形成致命打击。

　　涉事明星的愿望是息事宁人，天天在家烧高香，希望热度赶快降下来，此事越快翻篇越好。

　　可粉丝在不能让宝宝受委屈的使命感驱使下，到女方微博乱怼，最终成功激怒女方，从而导致更多料被爆出，事情难以收场，明星的人设接近崩塌。

　　其实，粉丝怕自家偶像受委屈的心理可以理解。但是，整天阴谋论，过于玻璃心，假想敌太多，就容易护主心切而乱了分寸，误伤无辜吃瓜路人，也破坏了偶像的人缘。

　　心疼归心疼，但也没必要草木皆兵。

　　一点小小的困难，就感觉偶像遇上了天大的事，你们偶像的天也太小了点吧？

　　事实上，你要绝对相信，偶像比你想象中要强大得多。明星，本来就应经得住赞美，也受得了批评。

　　粉丝，切忌把自己当成这世界上唯一的正义。

如果经纪公司天天想害你家偶像，对家天天想害你家偶像，营销号天天想害你家偶像，甚至偶像的家人天天想害你家偶像，那你可真要好好反思一下，你家偶像是何等奇葩，才导致全世界均与他为敌？

哲学家叔本华在《人生的智慧》中说，"'不爱也不恨'包含了全部世俗智慧的一半；'不要说话也不要相信'则包含了另一半的人生智慧。"

这一半的世俗智慧是教导路人，另一半是教导粉丝。

现在事情反转太快，在有关明星的负面消息刚爆出来时，希望路人能够秉持中立观点，"不爱也不恨"，希望粉丝不要急于掐架，怒怼当事人，"不要说话也不要相信"。

各方都让子弹再飞一会儿。

道德，多少绑架借汝之名

粉丝圈里的道德绑架无处不在，许多粉丝习惯用道德来绑架他人，同时，自己也被他人道德绑架着。

何谓道德绑架？顾名思义，道德绑架即用道德来绑架。

简单地理解，就是一个人打着道德的名义，强行要求他人做某事。

总有粉丝习惯置身于道德的制高点，化身圣母，来对他人的行为进行评判与指点。她们所绑架的对象，可能是自家偶像，可能是其他明星、其他粉丝，也有可能是路人。

自家偶像时常会成为粉丝绑架的对象，只不过这种绑架披上了爱的外衣。

在粉丝的逻辑中，我喜欢你这么多年，你应该按照我喜欢的样子活。

你不应该接这个代言，这个代言配不上你的格调；你不应该找这个女人做女友，她是个心机女；你应该赶快离开这个经纪公司，他们只会压榨你，耽误了你的发展。

粉丝应该清楚自己的角色定位，你有建议权，但是，有什么资格要求偶像一定按照你的意愿来活呢？

粉丝圈内部粉丝之间亦流行道德绑架。

你竟然不给我家宝宝花钱，怎么有资格称为粉丝呢？赶快脱粉吧！

你竟然同时粉几个明星，你到底是不是对家派来的卧底？这么水性杨花不专一，我们粉丝圈不欢迎，赶快滚！

粉丝喜欢打爱国牌，就像反日游行中的犯罪分子一样，会以爱国为幌子，来对国人的日系车实施打砸抢。

如果有人饭日韩欧美明星，有些国产明星的粉丝会说，你竟然不支持我们国产的明星，而去饭外国的明星，你就是个汉奸。

有些粉丝喜欢生活在微博里，仿佛微博就是一切。

某明星去世了，你竟然不赶快发微博悼念一下？某明星在微博上宣布离婚了，你竟然还不发微博安慰一下？我家偶像过生日了，你怎么不发微博祝贺一下？我家偶像虽然吸毒了，但是他都道歉了，你们竟然还不原谅他，是想逼死他吗？

真正的好友去世了，不应该是躲在某个角落里哭吗？为何第一时间要发微博才行？不马上在微博上致哀就成历史罪人了？

有时候，沉默才是真爱，因为真正的痛，是难以言表的。

做明星挺难，娱乐圈发生了事情，明星发微博被说成蹭热度，不发微博被批评是冷漠。而正义感爆棚的粉丝会说，你还不发微博，我就取关你并粉转黑了。

更有甚者，直接用恶毒的语言来进行谩骂与诅咒了。

很想知道，这些人在现实中是怎样的一副模样？

当然，粉丝这一群体也时常被会被路人所绑架，粉丝行为、偶像买单便是一种典型的道德绑架。

几乎所有粉丝都很讨厌路人祭出粉丝行为、偶像买单这句话，既然自己不喜欢被道德绑架，为何习惯于对他人实施这一行为呢？

道德绑架并非只存在于粉丝圈，而是社会的通病，我弱我有理、我穷我有理、我老我有理成了绑架的利器。

我是老人，你怎么不给我让座呢？

你们年轻人为什么要在篮球场打篮球，不知道我们老人要在这里跳广场舞吗？

他还是个孩子，偷你几百块钱算什么，你让着点不行吗？

我这么穷，你开豪车，就不能捐一些钱给我吗？

社会中相当多的道德绑架，是以爱的名义来实施，这简直是对爱的玷污。

男生对女生说，我这么爱你，天天给你发早安，你感冒时我让你多喝热水，你竟然还不答应嫁给我？我得不到你，别人也休想得到，我要毁掉你。

奶奶对孙女说，你今年已经十八岁了，如果你爱奶奶，赶快出嫁吧，奶奶今年已经六十了，你再不出嫁奶奶就看不到了，死不瞑目啊！

婆婆对着儿媳说，我儿子虽然时不时打你，但他那是爱你才打你的，你看小孩才这么小，你就不能看在孩子的面子上，继续和他过下去吗？你怎么能这么狠心？你要是敢离婚，我就喝农药死在你娘家！

妈妈对女儿说，我觉得村东头的王二狗不错，你就嫁给他吧，我是你妈，难道还会害你？相信妈的准没错。

多少父母习惯以过来人的身份，来安排子女的人生，以爱的名义，来行伤害之实。

朋友之间也普遍存在道德绑架。

这杯酒我先干了，如果你还当我是兄弟，你就干了，如果你瞧不起我，那你随意喝就好。

我在朋友圈发了我宝宝照片，那么可爱，你怎么不给我点赞？

我上周打麻将输了几千块，你每个月工资上万，就不能借几万块钱我吗？

帮帮我吧，这对你来说不过是举手之劳。

所以，你难道不知道举手之劳是谦词吗？

社会的运行需要依赖法律与道德。法律是底线，具有强制性，而道德则是软性约束，不具备强制力。

我们必须认识到，道德并非义务，通俗地理解，帮你是情分，不帮是本分。道德本是用来约束自己的，而不是用来强行要求他人的。

并不是穷，就能够站在道德制高点；并不是弱，就够随意用道德来审判他人；并不是作为路人，就能够慨他人之慷。

古人教化我们，应该宽以待人、严以律己。可惜，很多人向来是严以待人、宽以律己，往往习惯于用圣人的标准来约束他人，而用贱人的标准来对待自己。

道德绑架可以休矣！

黑粉是怎样炼成的

粉丝圈中有一种奇葩的存在，叫黑粉。

黑粉的英文名叫 Anti-fan，是指那些对明星实施辱骂、造谣、中伤甚至恐吓、攻击等行为的人。

黑粉是各种低级黑与高级黑的集合体，而不分青红皂白便黑的人则是无脑黑，堪称黑粉中的战斗机。她们似乎不用学习或工作，他们天天在网上，简直用生命去黑某个明星。

恶意辱骂是黑粉最常用手段，他们的言论通常只见情绪不见逻辑，只见结论不见论据，只见道德优越感，但看不见他们这种优越感的来源。

当然，直接辱骂只能算是一种低级黑，而高级黑则是伪装成友军，然后顶着明星的头像与 ID 号，以一个脑残粉的身份去到处招黑。

这样，黑粉的所作所为，便让明星与真正的粉丝来实力背锅了。

相对而言，国内的黑粉比韩国的黑粉要温和太多。国内的黑粉主要是从话语上来对明星进行攻击，而韩国的黑粉则偏好对明星的人身造成伤害。

那么，黑粉是怎样炼成的呢？

为黑而黑。

有些黑粉在现实生活中过得不如意，心中满是怨念无处发泄，于是，通过在网络上对明星进行攻击，来释放心中的怒火。

有一种传播学理论叫匿名制服，网络的非实名制就好像给网民穿上了一件匿名制服，披上该制服之后，人性中的阴暗面得到了张扬。

作为社会人，人的兽性被道德与法律所约束着。他们在现实中可能是一个温文尔雅的读书人，或者柔情似水的女孩。但是，匿名制服使得他们暂时摆脱了道德的约束，从而，他们如同野兽一般，在网络上肆意奔跑。

跟风黑。

许多黑粉对某个明星可能并不是十分厌恶与憎恨，甚至可能根本不知道该明星是男是女。但是，这并不妨碍他们黑该明星，或者把该明星纳入自己所编的段子、所制作的表情包中，从而完成娱乐文本的再生产。

这是网络环境下的一种黑幽默。

这种黑幽默可能代表了他们对某种文化现象的不满与宣泄，如不满明星吸金太快，看不惯脑残粉对明星的狂热与痴迷等，于是选择该明星作为攻击的靶子。

跟风黑习惯在网络上寻找存在感，以引起他人的关注与附和。如"听说只要骂某某明星就会有人点赞"这句话，经常可以在微博上看到，然后，的确会有很多人点赞。

点赞的人越多，黑粉便越有成就感。

实锤黑。

有些明星身上存在诸多黑点，而且这些黑点都有实锤，如明星吸毒被抓，但粉丝说越吸毒越帅，有些明星打着好男人、好老公、好爸爸人设，但是被拍到出轨等。

当实锤被公布之后，很多路人会转黑，也有很多粉丝转黑。

当然，相当多明星被黑，并不是因为吸毒或者出轨了，而是由于德不配位、才不配位。换言之，他们的实力配不上名气，所以被黑。

一些明星毫无演技，没有代表作，只靠耍耍酷便能大量吸粉吸金，平时所发通稿也是言必称演技炸裂、一言不合飙演技，并习惯用艳压、碾压等词来踩别人。

这些行为极易招黑。

职业黑。

如果两个明星的知名度相当、存在直接的竞争关系，那么，他们的粉丝便容易成为对方的黑粉。更有甚者，明星的经纪团队可能会雇佣水军或娱乐营销号，来专门黑竞争对手，通常这种职业黑是有组织、大规模地黑。

路人转黑。

脑残粉是黑粉制造机。

在脑残粉的世界里，偶像是完美的，所以，她们容不下任何不同的声音。

很多时候，路人也许只是客观地评价一下某明星，没有任何恶意，但是，脑残粉便受不了啦，他这么完美你竟然还黑他，你是人吗？你知道他有多努力吗？然后，接下来的戏码便是问候路人的家人。

在脑残粉的逻辑中，非白即黑，没有第三种可能，所以，她们习惯把持有不同意见的路人界定为黑粉。

粉丝行为，明星买单。最终，路人便被这些脑残粉活活逼成了黑粉。

卢森堡在《非暴力沟通》非常强调倾听他人的批评：

"批评往往暗含着期待。对他人的批评实际上间接表达了我们尚未满足的需要。"

"在非暴力沟通中，倾听他人意味着，放下已有的想法和判断，一心一意地体会他人。倾听的这种品质体现了它与理解以及同情之间的区别。"

"不带评论的观察是人类智力的最高形式。"

所以，粉丝应允许不同声音的存在，正所谓君子和而不同、小人同而不和嘛。

在娱乐圈，有黑粉也并不一定是坏事。

因为，娱乐经济本质上是注意力经济，明星的知名度来自于关注度。于是，有些不知名的十八线明星或者网红，会采取一些反常的言论与行为来博取关注，吸引别人骂，越黑越红。等到被骂出知名度以后，再通过其他手段洗白。

粉丝应该怎样面对黑粉呢？

辨别对方的属性最为关键，粉丝要弄清对方是真正的黑粉，还是只是持不同意见的路人而已。

粉丝应该意识到，世界是多元的，美本来就是一个很主观的东西，所以，不要强迫路人也戴着很厚的粉丝滤镜来看待偶像。

有不同的声音很正常，即使是比较尖锐的反对意见，也要有气度去接受、去反思。

轻易给路人贴上黑粉的标签，是一种极易招黑的行为。相反，如果对于路人的尖锐意见能够很大方地接受，还有可能使路人转粉。

有些路人可能是掌握的信息有限，再加上被营销号带节奏了，变成了跟风黑。

这时，如果粉丝可以通过文字、图片、视频等形式，来有理有据、不卑不亢地解释，很有可能会消除误解，及时将跟风黑变成路人。

不过，以上方式只是对于路人黑或者跟风黑比较奏效，对于那些脑残黑则起不了多大用。

对于脑残黑，粉丝们采取选择性无视是最好的办法，因为相当多的脑残黑本来就是在网上寻求存在感。如果你越与他吵，他就越有斗志。

对于这种人，无视就是蔑视，不辩不战便是最大的羞辱。

与恶龙缠斗过久，自身亦成为恶龙。

一个人要是走在路人被狗咬了一口，并不会选择咬回去。如果你与脑残黑对骂，自身也降至脑残的程度，这显然是不理性的。千万不要觉得不与黑粉掐架就是怂。

叔本华说，"谦虚是美德——这一句话是蠢人的一项聪明的发明；因为根据这一说法每个人都要把自己说成像一个傻瓜似的，这就巧妙地把所有人都拉到同一个水平线上。"

脑残黑也在做同样的努力。

你永远无法战胜一个脑残黑，因为他会把你智商与情商巧妙地拉到与他同一个水平线上，然后再凭借丰富的经验来击败你。

当然，看到自己偶像被黑的言行，能够完全冷静与无视的粉丝太少。这时，你可以在心中默默地骂上一万遍，然后果断地点击举报就好。

远离黑粉，不辩不战。

超越理性

作为粉丝圈毒瘤，私生饭已成为明星与粉丝的公敌。

私生饭通常采用偷窥、蹲点、跟踪、追车、窃取个人隐私等方式，来获取明星的资讯。

有些私生饭甚至闯入偶像私人住宅，在其房间里安装摄像头，或者在浴缸洗澡。

类似奇葩行为不胜枚举。

私生饭这类群体的存在，滋生了一条黑色产业链。

现在热衷于追车的私生饭越来越多，于是，大量的黄牛群体便产生了。私生饭雇佣黄牛的车辆跟踪偶像，黄牛的任务是把偶像的车辆逼停，供私生饭拍照、合影等。

通常情况下，尾随的车不止一辆，甚至可能会多达四辆，这样，在偶像车的前后左右各一辆，才更方便将其车逼停。要是没有逼停，私生饭是不用付费的，所以，黄牛会很卖力去逼停车辆。

显然，追车的行为是极其危险的，会对明星的生命造成极大的威胁。

有时私生饭为了不跟丢车辆，常常会有很多危险的动作，如闯红灯、随意变道、不保持适当车距等，更有甚者在高速公路上进行别车，这完全是拿明星与自己的生命当儿戏。

要是有任何事故发生，即使未造成伤亡，明星也会被推上舆论的风口浪尖。

为了更准确地获取偶像未公开行程，私生饭把目标瞄准了窃取偶像的身份信息、航班信息等，造成个人隐私泄漏。

2015 年，明星杨洋与李易峰的身份证信息被人在网络上曝光，照片上有其身份证号、曾用名、家庭住址、户籍信息等。后来查出，这是江苏如皋市公安局一位女民警 14 岁的女儿所为。对此，如皋市公安局发布通报称，涉事女警被停职。该女生简直是实力坑娘的典范。

私生饭是一种比黑粉更为可怕的存在。

黑粉主要是对明星进行声誉上的伤害，而私生饭则明显不同，她们的行为可能会直接威胁到明星的人身安全。尤其是高速公路上追车的行为，危险系数极高，要是出车祸，后果不堪设想。

社会的正常运行，需要很多规则来维系，其中，最基本的两大要素是道德与法律，道德一般是不具备强制约束力的，而法律则是个体行为的底线，要是触碰了底线，应负法律责任。

泄漏明星的身份证号、护照号、航班号等个人信息，犯了侵犯公民信息罪，以及在明星房间安装针孔摄像头等行为，侵犯了公民个人隐私权。

只要明星追究，私生饭将要承担法律责任。

私生饭的脑路回让人难以理解。

一般而言，私生饭都有一种很强的控制欲和占有欲。于是，她们习惯采取一些极端行为。比如在明星路过时，采用强抱甚至袭击等行为，来寻求明星的关注，日本与韩国出现过多起私生饭直接对偶像进行人身伤害的事件。

追星与谈恋爱有很多共通之处。

有些男人在被所追求的女孩拒绝后，对女孩进行长期跟踪骚扰，更有甚者，会采取一种得不到就要毁掉的态度。

这种男人就像幽灵般，谁遇上谁倒霉。

让人郁闷的是，在其未对女孩造成实质性伤害时，即使女孩报警，警察通常也只能对其进行批评教育，而不能采取强制措施。但是，要是真正等到其伤害了女孩时，一切都迟了。

有精神疾病就应该去精神病院接受治疗，而不是在社会上游荡，等到对他人造成伤害时，再拿出精神病证明来规避法律的制裁。

爱，应该是两情相悦，而非一厢情愿。

可惜，很多男人不懂。

私生饭也不懂。

表达爱的方式有多种，但是，私生饭却选择了最不堪、最让人生厌的一种。

其实，私生饭的爱，不是真正的爱，而是以爱的名义，来满足自己的私欲。这样的爱，是自私的，是偏执的，也是变态的。

私生饭这种畸形的爱，让偶像无法承受，甚至压抑得让人窒息。有些明星如果不是被逼无奈，是不会用歌曲来表达自己对私生饭的痛恨与愤怒的。

希望有更多的明星能够号召自己的粉丝自觉抵制私生饭。

明星这种职业天然与曝光率相联系，所以，明星注定要比普通的公众牺牲更多个人隐私。但是，即使是公众人物，明星最基本的个人隐私也应该受到尊重与法律。

所以，泄漏明星身份信息、在明星房间装针孔摄像头等行为，应受到法律制裁。

作为公众人物，明星本来就牺牲了很多个人空间，而私生饭将明星们最后仅有的一点空间也压榨干净了。

观众席与舞台之间的距离，才是粉丝和偶像之间最美的距离。在最安全、最合适的场合见面，才是最美丽的相遇。

心理学上有人际交往的空间距离这一概念，人与人之间的空间距离，与感情的亲疏直接相关。每个人心里都有维持自我空间的需求，这种空间既是主观的，也是客观的。

它是个人的一种自我保护，自我空间里是隐私，如果有他人介入该空间，个人会有一种被侵犯的感觉。所以，如果关系不是太亲近，就不要离别人的身体太近。

当然，在北京早晚高峰挤地铁时除外。

同时，也不要随意打探别人隐私，这是自我修养的一种最基本体现，也是对他人的一种最起码尊重。

粉丝们接机时，喜欢拿着相机贴着偶像的脸拍照，甚至伸手去摸，这就是一种侵犯别人自我空间的行为。

私生饭喜欢沉浸在自己偏执的爱中，很难唤醒。当别人反对她们时，她们还会反问你，不是还没有造成什么伤害吗？

粉丝圈有一种最好的抵制方式，就是自觉抵制私生饭的作品，不要转她们的照片或视频，不要给她们热度。有些粉丝，一边谴责私生饭，一边却在努力转发她们的作品，这是在助纣为虐，变相地支持私生饭，从而对私生饭的行为形成了一种正向的激励。

她们可能会花不少资金，在黄牛的手中买隐私信息，甚至贿赂明星身边的工作人员，来获取明星的私密资讯。

其实我们仔细窥探私生饭内心的话，可以发现，她们之所以不满足于偶像公开的行程，而是喜欢花精力去追偶像未公开行程，很重要的一个原因在于，她们觉得这样才能让自己在粉丝圈显得与众不同，从而更好地享受粉丝圈其他人的崇拜。

所以，真爱粉要自觉抵制传播私生饭作品，粉丝圈应形成无条件抵制私生饭的生态。

如果喜欢明星到了一种病态，那么，这早已不是爱。偏执的爱，只会成为伤害他人的利器。

喜欢是放肆，而爱是克制。真正的爱，应该是陪伴，而不是羁绊。

在社会学大师韦伯看来，"能够深深打动人心的，是一个成熟的人，他意识到了对自己行为后果的责任，真正发自内心地感受着这一责任。"

希望粉丝能够意识到自己的责任，对自己行为负责。离他的作品近一点，离他的生活远一点，不只是说说而已。